工业会计真账实训

亚洲职业教育研究院 编

图书在版编目(CIP)数据

工业会计真账实训/亚洲职业教育研究院编. —上海:立信会计出版社,2019.6
ISBN 978-7-5429-6187-7

Ⅰ.①工… Ⅱ.①亚… Ⅲ.①工业会计—会计实务—高等职业教育—教材 Ⅳ.①F406.72

中国版本图书馆 CIP 数据核字(2019)第 104261 号

策划编辑　蔡伟莉
责任编辑　余　榕
封面设计　南房间

工业会计真账实训
Gongye Kuaiji Zhenzhang Shixun

出版发行	立信会计出版社		
地　　址	上海市中山西路 2230 号	邮政编码	200235
电　　话	(021)64411389	传　　真	(021)64411325
网　　址	www.lixinaph.com	电子邮箱	lixinaph2019@126.com
网上书店	http://lixin.jd.com		http://lxkjcbs.tmall.com
经　　销	各地新华书店		
印　　刷	上海盛通时代印刷有限公司		
开　　本	787 毫米×1092 毫米　　1/16		
印　　张	15		
字　　数	292 千字		
版　　次	2019 年 6 月第 1 版		
印　　次	2019 年 6 月第 1 次		
印　　数	1—3100		
书　　号	ISBN 978-7-5429-6187-7/F		
定　　价	55.00 元		

如有印订差错,请与本社联系调换

亚洲职业教育研究院
编审委员会

主　任　郑少艳
副主任　解正防
编　委　（排名不分先后）
　　　　　张　娜　何　爽　王　宁　丁　佳　谈　涛
　　　　　宋雅琴　唐　棣　牟小兵　南叔豪　潘统文
　　　　　周敏君　徐海伟

preface 前言

会计是一门商业的语言,如果说学好会计的理论知识是会表达这门商业的语言,那么会操作会计实务就是对这门商业的语言得心应手的应用。

会计实务是指会计进行账务处理的过程,一般包括填制凭证、登记账簿、编制报表、纳税申报的整个过程。根据《会计基础工作规范》和有关会计制度的规定,会计工作岗位一般分为:总会计师岗位,会计机构负责人岗位,出纳岗位,稽核岗位,资本、基金核算岗位,收入、支出、债权债务核算岗位,工资核算、成本费用核算、财务成果核算岗位,财产物资的收发、增减核算岗位,总账岗位,对外财务会计报告编制岗位,会计电算化岗位,会计档案岗位等。会计工作岗位可以一人一岗,一人多岗或一岗多人。在实际工作中,企业可根据自身的具体规模和管理要求,按需设置出纳、库管、会计、会计主管、财务经理等会计岗位。

本教材以工业企业的真账为实际案例,根据2019年最新的财税政策编写而成。随着"互联网+"不断发展,各行各业会计处理智能化水平也越来越高,会计行业在发展,会计从业人员更需要与时俱进,为了其更好地适应智能化记账方式,本教材介绍了最新主流财务软件的使用方法,包括拍照上传原始凭证即可自动生成记账凭证等功能。另外,每笔业务都配有二维码视频,读者用微信扫一扫即可利用碎片化的时间来学习。一言以蔽之,教材中所有的设计和考虑只为会计从业人员能够更好地胜任工作岗位!

编 者

2019年6月

目录

第一章 实训概述 ... 1
第一节 会计真账实训概述 ... 1
第二节 模拟企业概况 ... 3

第二章 日常经济业务核算实训 ... 10
第一节 日常经济业务核算 ... 10
第二节 所附原始凭证 ... 25
第三节 附日常经济业务核算参考答案 ... 193

第三章 金蝶精斗云财务软件操作实训 ... 204
一、系统启用 ... 204
二、设置模块 ... 205
三、凭证 ... 211
四、账簿 ... 216
五、报表 ... 220
六、结账 ... 223
七、固定资产 ... 224
八、出纳 ... 227
九、工资 ... 228

第一章 实训概述

"工业实务会计"是以工业企业常见的经济业务为主线,通过建立账簿、审核和填制原始凭证与记账凭证、登记账簿、成本计算、财产清查、编制会计报表等一系列的会计工作,使学生熟悉中小企业各项经济业务流程和手工操作情况下会计核算工作的全过程,以及各个会计工作岗位的职责和工作内容,从而培养学生的职业道德、职业技能和职业素质的一门课程。

智慧之路

天下没有不劳而获的东西

从前,有个爱民如子、深谋远虑的国王,在他的英明领导下,人民丰衣足食,安居乐业。但他却担心自己死后,他的子民是不是也能过着幸福的日子。

于是他召集了国内的有识之士,命令他们寻找一个能确保人民生活幸福的永世法则。

学者们经过3个月的努力,把3本6寸厚的帛书呈给国王,说:"国王陛下,天下知识都汇集在这3本书内,只要人民读完它,就能确保他们的生活无忧了"。国王不以为然,因为他认为人民都不会花那么多时间看书。所以他再命令这些学者们继续钻研。2个月后,学者们把3本书简化成1本。国王对此还是不满意。又过1个月后,学者们把一张纸呈给国王。国王看后非常满意,重重地奖赏了学者们。

你们好奇这张纸上写着什么吗?其实,这张纸上只写了一句话:天下没有不劳而获的东西。

这个故事蕴含的哲理是:世上多数人都想快速发达,却不明白做什么事情都必须老老实实地努力才能有所成就。不要幻想中彩票,或者把时间花在赌桌上,这些一夜暴富的梦都是人们成功和努力的绊脚石。只要你能够彻底放弃投机取巧的心态,成功必定离你不远。换个角度来说,只要你还存有一点取巧、碰运气的心态,就很难全力以赴。记住:天下没有不劳而获的东西。想要什么样的生活就靠自己去奋斗,要想得到必须先付出。

第一节 会计真账实训概述

一、工业企业会计的含义

工业企业会计是以工业企业为会计主体的一种行业会计。工业企业是以生产与销售工业产品为盈利手段,实行独立核算,具有法人资格的经济组织。为了进行生产经营活动而从种种渠道筹集所需资金,是工业企业的一项重要业务活动,因此,筹资业务的核算是工业企业会计核算的重要内容;工业企业的筹资活动与投资活动,都是为产品生产与销售服务的,因此,生产经营业务的核算是工业企业会计核算的中心内容。

工业企业的经营活动包括供应、生产与销售三个过程。在供应过程中,工业企业购买生产产品所

需的材料,支付采购费用,并与供应单位发生货款结算关系。在生产过程中,一方面,工业企业通过对材料进行加工,制造出社会所需要的产品;另一方面,为了生产这些产品,工业企业又要发生各种各样的费用。为了确定生产与销售产品的经营成果,工业企业要将生产过程中发生的各项费用按照产品的种类进行归集和分配,计算产品的生产(制造)成本。在销售过程中,工业企业按照销售合同的规定,出售产品并向客户收取货款,这些货款包括在生产过程中发生的生产成本、在销售过程中发生的销售费用和按照国家规定交纳的销售税金。将销售产品的生产成本、销售费用、销售税金与销售收入进行对比,可以确定工业企业经营期间的最终经营成果,即利润或亏损。工业企业实现的利润,首先要交纳所得税;其次要按照有关规定提取法定盈余公积和任意盈余公积;最后再对所有者进行分配。这些也是工业企业会计核算的重要内容。

二、工业企业会计的特征

工业企业会计与其他行业会计相比,具有以下几个特征:

(1) 供应、生产、销售业务是其核算与监督的中心内容。工业企业的基本经济活动是生产工业产品,其生产过程是工业企业经营过程的中心环节。工业企业的生产经营过程依次经过供应过程、生产过程、销售过程,三者不断循环和周转,因此资金在工业企业也就以"货币资金—储备资金—生产资金—成品资金"的形式不断运动。由此可见,工业企业会计核算和监督的中心内容就是工业企业的供应、生产、销售业务。

(2) 管理费用、财务费用、产品销售费用列为期间费用,不计入产品成本,直接计入当期损益。工业企业发生的费用,按照经济用途的不同,可分为应计入产品成本的费用和不计入产品成本的费用(即期间费用)。工业企业为组织和管理生产经营活动等所发生的管理费用和财务费用,以及在销售产品和提供劳务过程中所发生的销售费用等都列为期间费用,不计入成本,直接计入当期损益。

(3) 存货既可以按实际成本计价,也可以按计划成本计价。工业企业为了正确组织存货核算,就必须对存货进行正确的计价。工业企业可以根据实际情况,对存货或按实际成本计价,或按计划成本计价。一般来说,规模较大、存货品种繁多、收付业务量较大的工业企业,可按计划成本计价。

三、会计真账实训的目的

本会计真账实训可以培养学生会计业务处理能力,使其能够比较系统地练习工业企业会计核算的基本程序和具体操作方法;加强学生对会计基本理论的理解、基本方法的运用和基本技能的训练,达到理论知识与会计实务的统一;培养学生严谨的工作态度和敬业精神;提高学生记账、算账、报账等实际操作的动手能力,为其毕业走上工作岗位后,缩短"适应期",胜任工作,打下扎实的基础。

本会计真账实训以某工业企业为背景,以典型业务为主线,设计了从建账到日常会计核算、计算产品成本、计算净利润、进行利润分配、编制会计报表全部过程的会计资料。学生通过本会计真账实训操作,不仅能掌握填制和审核原始凭证与记账凭证、登记账簿、成本计算、财产清查和编制会计报表的全部会计工作的技能和方法,而且能够亲手体验出纳员、财产物资核算员、工资核算员、资金核算员、往来结算员、成本费用核算员、财务成果核算员、总账报表员、稽核员、档案管理员、会计主管人员等会计工作岗位的具体工作,从而对工业企业会计核算的全过程有一个比较系统、完整的认识,最终达到对会计理论和方法融会贯通的目的。

四、会计真账实训的要求

(1) 在上实训课前,学生应提前阅读本会计真账实训,明确每个实训的目的、步骤及应完成的任务,并结合"基础会计"等课程认真进行预习。

(2) 在实训过程中,指导教师应向学生讲明如何具体执行《中华人民共和国会计法》《会计基础工作规范》《内部会计控制规范》《企业会计准则》《企业财务通则》、税务和金融等有关法规,学习各项费用的有关规定、范围及标准,加强学生的政策法制观念。

(3) 全部实训要求使用统一模拟会计凭证、账页及会计报表格式。

(4) 在实训结束后,所有原始凭证或原始凭证汇总表均作为记账凭证的附件,记账凭证按通用记账凭证顺序编号,折叠整齐,按照装订凭证的规定,加具封面,注明单位名称、年度、月份和起讫日期,并由装订人签名或盖章。应将各种账页按不同格式(或类别)装订成册,附上账簿启用登记表。全部会计报表附上会计报表封面,注明单位名称、年度、月份,并签章。所有会计档案应妥善保管。

(5) 本实训操作最好由学生本人独立完成,并写出一份总结实训体会的实训报告,以进一步熟悉、掌握有关制度,提高财经应用写作能力。

五、会计真账实训的形式

本会计真账实训要求学生在实训中独立完成全部操作,系统、完整地认识企业会计核算的全过程,将会计理论、方法与实际操作相结合。

学生通过这种形式的实训,一方面可以全面掌握企业各个会计工作环节的技能和方法,包括填制和审核会计凭证、登记账簿、成本计算、财产清查和编制会计报表等的技能和方法;另一方面可以全面熟悉各个会计岗位的具体工作,包括出纳、财产物资核算、工资核算、资金核算、往来结算、成本费用核算、财务成果核算、总账、报表、稽核、档案管理、会计主管等会计工作岗位的工作。

在实训时,指导教师可以将实训学生分成几个实训小组,每个小组指定一个实训组长,配合指导教师组织本组学生实训,如记录本组学生考勤、分发实训用品、保管本组共用实训用品等。

六、会计真账实训的用品准备

(1) 印章,主要包括模拟企业的公章、财务专用章、法人印章、发票专用章、参加实训学生的个人名章。

(2) 会计办公用品,主要包括计算器、算盘、双色印台、笔筒、记账专用笔(黑色签字笔、红色签字笔)、直尺、胶水、大头针、曲别针、剪子、裁纸刀、夹子、装订凭证的针和线、装订机等。

(3) 会计凭证,包括原始凭证和记账凭证。记账凭证应准备通用记账凭证、记账凭证封皮、增值税抵扣联封面等。

(4) 各种账簿,包括现金日记账、银行存款日记账、总账、三栏式明细账账页、多栏式明细账账页、数量金额式明细账账页、账簿封面、首页(或账簿启用登记表)、目录、账夹、账绳等。

(5) 会计报表,包括资产负债表、利润表等。

七、会计真账实训的考核

在实训结束后,指导教师可根据学生在实训过程中的表现和其全部实训成果进行考核评价。考核标准参考为:

(1) 实训操作中的独立性及实习态度、纪律性占20%。
(2) 经济业务账务处理的准确性占50%。
(3) 实训操作的规范性(即凭证、账页、报表中字迹清晰、工整,阿拉伯数字书写规范)占10%。
(4) 会计档案整理装订质量占15%。
(5) 实训报告质量占5%。

第二节 模拟企业概况

一、模拟企业的基本情况

浙江皇冠家具有限责任公司创建于2011年,其有关资料如下:

(1) 公司名称:浙江皇冠家具有限责任公司
(2) 公司地址:浙江省杭州市滨江高新技术开发区308号

(3) 公司电话:0571-88900333,传真 0571-88900335
(4) 法人代表:皇甫江
(5) 公司账户:中国建设银行滨江支行
　　账　　号:6227181800000003399
(6) 企业类型:有限责任公司
(7) 税　　号:330123142933996
(8) 其他资料:
　　财 务 经 理:戴永明
　　会　 计　员:段振华
　　出　 纳　员:何筱夜
　　仓库保管员:曾燕琼
(9) 股东成员及持股比例:
　　皇甫江:投资比例 50%
　　王　峰:投资比例 30%
　　刘　斌:投资比例 20%
(10) 职工人数:共 30 人(其中:行政部 4 人,销售部 2 人,生产部 24 人)

二、模拟企业的会计核算方法

浙江皇冠家具有限责任公司采用科目汇总表账务处理程序进行会计核算(每个月汇总登记一次总账),核算程序如下:
(1) 填制记账凭证。
(2) 登记现金日记账和银行存款日记账。
(3) 登记明细账。
(4) 编制科目汇总表。
(5) 登记总账。
(6) 对账与结账。
(7) 编制会计报表(资产负债表和利润表等)。

三、模拟企业的内部核算制度

浙江皇冠家具有限责任公司的内部核算制度如下:
(1) 库存现金定额为 35 000 元。
(2) 实行集中核算,全部会计核算由财务处负责完成,各车间只提供成本计算的原始资料。
(3) 存货计价采用实际成本法。木材、涂料、实木床、办公桌发出时的计价采用月末一次加权平均法,实木地板、五金配件、胶粘剂发出时的计价采用先进先出法。
(4) 产品成本计算根据公司生产类型特点及成本管理要求采用品种法。
(5) 月末实木床、办公桌的在产品成本采用约当产量法计算,原材料在生产开始时一次投入,完工程度均为 50%。
(6) 公司为一般纳税人,所有产品适用的增值税税率均为 13%,全部原材料、库存商品的采购、销售均为不含税价格。运输业的增值税税率为 9%。
(7) 公司负担的城市维护建设税按流转税的 7%计算交纳,教育费附加按流转税的 3%计算交纳。
(8) 固定资产采用平均年限法计提折旧。其中:房屋建筑折旧期限为 20 年,机械设备折旧年限为 10 年,汽车的折旧年限均为 5 年,电子设备的折旧年限为 3 年。所有固定资产的残值率均为 5%。
(9) 无形资产摊销年限为 10 年。
(10) 个人所得税按照最新的七级超额累进税率表计算(见表 1-1)。

表 1-1　　　　　　　　　　　　个人所得税税率表
（工资、薪金所得适用）

级数	全月应纳税所得额	税率	速算扣除数
1	不超过 1 500 元的	3%	0
2	超过 1 500 元至 4 500 元的部分	10%	105
3	超过 4 500 元至 9 000 元的部分	20%	555
4	超过 9 000 元至 35 000 元的部分	25%	1 005
5	超过 35 000 元至 55 000 元的部分	30%	2 755
6	超过 55 000 元至 80 000 元的部分	35%	5 505
7	超过 80 000 元的部分	45%	13 505

注：本表所称全月应纳税所得额是以每月收入额减除费用 5 000 元后的余额或者减除附加减除费用后的余额。

(11) 土地增值税按照最新的四级超率累进税率表计算。

(12) 企业所得税按月计提，按季预交，全年汇算清缴，税率为 25%。

(13) 将费用分配到实木床和办公桌的成本中，均按其工时进行分配。其中：实木床的工时 3 000 小时，办公桌的工时 6 000 小时。

(14) 员工个人承担的养老保险、医疗保险、失业保险的比率分别按社保缴费基数的 8%、2%+4 元、1% 计算。

(15) 公司承担并交纳的养老保险、医疗保险、失业保险、工伤保险、生育保险等社会保险费用分别按社保缴费基数的 14%、10.5%、1.5%、0.5%、1.2% 计算（见表 1-2）。

(16) 处置 2016 年 5 月 1 日之前的房地产按照 5% 的征收率，简易计征增值税；处置 2016 年 5 月 1 日之后的房地产按照 10% 的税率，计征增值税。

(17) 实木地板的消费税税率为 5%。

(18) 公司初次购买增值税税控系统专用设备支付的费用和交纳的技术维护费允许在增值税应纳税额中全额抵减。

(19) 按现行增值税制度规定，一般纳税人自 2019 年 4 月 1 日后取得并按固定资产核算的不动产或者 2019 年 4 月 1 日后取得的不动产在建工程，其进项税额可以一次性抵扣。

(20) 公司取得小规模纳税人到税务局代开的增值税专用发票，可以凭增值税专用发票上的税额抵扣增值税。

(21) 2019 年 4 月 1 日以后，纳税人领用农产品用于生产或委托加工 13% 税率的货物，统一按照 1% 加计抵扣，不再区分所购进农产品是在 4 月 1 日前还是 4 月 1 日后。

(22) 房产税依原原值一次减除 10%~30% 后的余额计算交纳，按照 1.2% 的年税率计征；房产出租的，以房产租金收入为房产税计税依据，按照 12% 的年税率计征；购销合同按照合同载明金额的 0.03% 计征印花税。

(23) 周转材料的摊销方法使用一次摊销法。

(24) 广告业和设计服务按照"现代服务业"中的"文化创意服务"，按照 6% 的税率计征增值税。

(25) 公司有应交消费税的委托加工物资，一般应由受托方代收代缴税款，委托加工物资收回后，直接用于销售的，应将受托方代收代缴的消费税计入存货成本；收回后用于连续生产应税消费品，按规定准予抵扣的，不计入存货成本。

(26) 存出投资款是指公司为购买股票、债券、基金等根据有关规定存入在证券公司指定银行开立的投资款专户的款项,作为其他货币资金核算。

(27) 公司以赚取差价为目的从二级市场购入的股票、债券、基金等,为了近期内出售而持有的金融资产作为交易性金融资产。

(28) 年末按净利润10%提取法定盈余公积。

(29) 净利润中分配给股东比例由当年股东大会决定。分配给股东的股利在各股东间按投资比例进行分配,皇甫江投资比例为50%,王峰投资比例为30%,刘斌投资比例为20%。

(30) 计算中要求精确到小数点后2位,尾差按业务需要进行调整。

(31) 各会计岗位操作规范按《会计基础工作规范》执行。

表1-2　　　　　　　　　　　杭州市滨江区企业各项社会保险费实收一览表

保险项目		基数比例	月缴费基数	单位每月应缴(地税核定)		个人每月应缴(社保核定)		说　明 (金额单位:元)
				单位缴费比例	单位部分人均月最低缴纳标准		个人月最低缴纳标准	
各类企业及职工社会保险	基本养老保险		3 054.95	14.0%	427.69	8%	244.4	单位缴费基数按全部职工工资总额为基准,单位缴费基数不得低于实有参保人数缴费基数之和 职工个人缴费基数按年度职工个人实得月平均工资为基准,参保职工上年度月平均工资低于上年全省职工平均工资60%的,按照60%核定;高于上年全省职工平均工资300%的,按照300%核定(此表仅供参考)
	基本医疗保险			10.5%	320.77	2%	61.1	
	重大疾病医疗补助费及医疗困难救助费			4(从职工每月医保个人账户中扣取)				
	失业保险	城镇		0.5%	15.27	0.5%	15.27	
		农村						
	生育保险			1.2%	36.66	/	/	
	工伤保险	行业类别划分		浮动费率(按企业上年工伤保险缴费金额与工伤保险赔付金额收支比例核定)		按基准费率计算		
				基准费率	浮动费率			
		一类行业		0.5%	0.4%		15.27	
		二类行业		0.8%	0.6% 0.7% 0.9% 10%		24.44	
		三类行业		1.2%	0.8% 1.0% 1.4% 1.6%		36.66	
	合　计			工伤类别	户籍	单位	个人	合计
				一类	非农/农业	815.66	320.77	1 136.43
				二类	非农/农业	824.83	320.77	1 145.60
				三类	非农/农业	837.05	320.77	1 157.82

四、各账户期初余额

(一) 总账及其明细账的期初余额

浙江皇冠家具有限责任公司 2019 年 12 月总账及其明细账的期初余额如表 1-3 所示。

表 1-3　　　　　　　　　　　总账及其明细账的期初余额

2019 年 12 月 01 日　　　　　　　　　　　　　　　　　　　　　　单位:元

账户名称	总账 借方	总账 贷方	明细账 借方	明细账 贷方
库存现金	12 025.00			
银行存款	1 565 735.29			
应收账款	580 000.00			
——温州万达商场			410 000.00	
——伟东商场			170 000.00	
应收票据	585 000.00			
——万方公司			585 000.00	
其他应收款	60 000.00			
——皇甫江			60 000.00	
原材料	240 000.00			
固定资产	3 849 950.00			
累计折旧		572 244.37		
库存商品	2 380 000.00			
生产成本	194 330.00			
短期借款		490 000.00		
应付账款		913 230.00		
——光明木材厂				274 830.00
——北仑涂料厂				608 400.00
——森林木材厂				30 000.00
应交税费		247 186.8		
——未交增值税				16 390.00
——应交城市维护建设税				1 147.30
——教育费附加				819.50
——应交所得税				224 680.00
——应交房产税				2 100.00
——应交城镇土地使用税				450.00
——应交车船税				1 600.00
应付职工薪酬		122 715.12		
——工资				109 470.00
——社保费				13 245.12
应付利息		4 900.00		
实收资本		4 900 000.00		
——皇甫江				2 450 000.00

(续表)

账户名称	总账		明细账	
	借方	贷方	借方	贷方
——王峰				1 470 000.00
——刘斌				980 000.00
本年利润		650 000.00		
利润分配		560 000.00		
——未分配利润				560 000.00
盈余公积		1 006 764.00		
——法定盈余公积				1 006 764.00
合计	9 467 040.29	9 467 040.29	9 467 040.29	9 467 040.29

（二）明细账期初余额

浙江皇冠家具有限公司2019年12月明细账的期初余额如表1-4至表1-7所示。

表1-4 　　　　　　　　　　　　原材料明细账期初余额

2019年12月01日　　　　　　　　　　　　　　　　　　金额单位：元

材料名称	计量单位	数量	单价	金额
木材	立方米	1 000	190.00	190 000.00
涂料	桶	200	250.00	50 000.00
合计				240 000.00

表1-5 　　　　　　　　　　　　库存商品明细账期初余额

2019年12月01日　　　　　　　　　　　　　　　　　　金额单位：元

产品名称	计量单位	数量	单位成本	总成本
实木床	张	1 140	1 000.00	1 140 000.00
办公桌	张	620	2 000.00	1 240 000.00
合计				2 380 000.00

表1-6 　　　　　　　　　　　　生产成本明细账期初余额

2019年12月01日　　　　　　　　　　　　　　　　　　　单位：元

总账账户	明细账户	成本项目			合计
		直接材料	直接人工	制造费用	
生产成本	实木床	66 450.00	13 290.00	8 860.00	88 600.00
	办公桌	79 297.50	15 859.50	10 573.00	105 730.00

表1-7 　　　　　　　　　　　　固定资产明细账期初余额

2019年12月01日　　　　　　　　　　　　　　　　　　金额单位：元

使用部门	固定资产名称	购入时间	单位	数量	原始价值	年限	净残值(5%)	已提折旧
生产部	电脑	2017年5月	台	2	9 000.00	3	450.00	4 275.00
	切割机	2016年5月	台	5	27 500.00	10	1 375.00	6 531.25
	喷漆机(空压机)	2016年5月	台	5	27 250.00	10	1 362.50	6 471.87
	钻床	2016年5月	台	6	71 700.00	10	3 585.00	17 028.75

(续表)

使用部门	固定资产名称	购入时间	单位	数量	原始价值	年限	净残值(5%)	已提折旧
生产部	气动铆钉枪	2016年5月	只	12	36 000.00	10	1 800.00	8 550.00
	房屋及建筑物	2015年12月	m³	1 000	3 000 000.00	20	150 000.00	415 625.00
行政部	电脑	2017年5月	台	6	27 000.00	3	1 350.00	12 825.00
	打印机	2017年5月	台	1	3 100.00	3	155.00	1 472.50
	传真机	2017年5月	台	1	2 400.00	3	120.00	1 140.00
	扫描仪	2017年5月	台	1	2 800.00	3	140.00	1 330.00
	数码相机	2017年5月	台	1	4 680.00	3	234.00	2 223.00
	复印机	2017年5月	台	1	3 520.00	3	176.00	1 672.00
	汽车	2017年5月	辆	1	35 000.00	5	1 750.00	9 975.00
	房屋及建筑物	2015年12月	m³	200	600 000.00	20	30 000.00	83 125.00
合计					3 849 950.00		192 497.50	572 244.37

(三) 本月产品投产及完工情况

浙江皇冠家具有限公司2019年12月产品投产及完工情况如表1-8所示。

表1-8　　　　　　　　　本月产品投产及完工情况

2019年12月

产品名称	单位	月初在产品数量	本月投入量	本月完工数量	月末在产品数量
实木床	张	90	640	200	530
办公桌	张	54	390	240	204

(四) 利润表资料

浙江皇冠家具有限公司2019年11月的利润表(简表)如表1-9所示。

表1-9　　　　　　　　　利 润 表(简表)

2019年11月　　　　　　　　　　　　　　　　单位:元

项目	10~11月累计额
一、营业收入	11 531 300
减:营业成本	9 505 900
税金及附加	108 400
销售费用	128 500
管理费用	603 400
财务费用	95 200
二、营业利润	1 089 900
加:营业外收入	97 820
减:营业外支出	289 000
三、利润总额	898 720
减:所得税费用	224 680
四、净利润	674 040

注:本书中的原始凭证均属于教材参考,不具法律效力。

第二章 日常经济业务核算实训

本章介绍工业企业日常经济业务的核算,主要包括货币资金收付的核算,销售业务核算,应收及预收账款的核算,存货的核算,应付及预付账款的核算,职工薪酬的核算,固定资产的核算,无形资产的核算,利润及利润分配的核算等经济业务。通过真账模拟,学员可以更好地适应相关的工作岗位。

为自己播种

有个突然失去双亲的孤儿,生活过得非常贫穷,今年唯一能让他熬过冬天的粮食,就只剩下父母生前留下的一小袋豆子了。

但是,此刻的他,却决定忍受饥饿。他将豆子收藏起来,饿着肚子开始四处捡拾破烂,这个寒冬他就要靠着微薄的收入度过了。

也许有人要问,他为什么要这么委屈或折磨自己,何不先用这些豆子充饥,熬过了冬天再说?

或许,聪明的人已经猜到了,原来在他小小的心灵里,充满着发了芽的翠绿豆苗。整个冬天,在孩子的心中,充满着播种豆苗的希望与梦想。

因此,即使这个冬天他过得再艰辛,甚至还饿昏了过去,他也不曾去触碰那袋豆子,只因那是他的"希望种子"。

当春光温柔地照着大地,孤儿立即将那一袋豆子播种下去,经过夏天的辛勤劳动,到了秋天,他果然得到了丰富的收获。

然而,面对这次的丰收,他却一点也不满足,因为他还想要更多的收获,于是他把今年收获的豆子再次存留下来,以便来年继续播种、收获。

就这样,日复一日,年复一年,种了又收,收了又种。

终于,孤儿的房前屋后全都种满了豆子,他也告别了贫穷,成为当地最富有的农民。

这个故事蕴含的哲理是: 在不断前进的人生中,凡是看得见未来的人,也一定能掌握现在,因为明天的方向他已经规划好了,知道自己的人生将走向何方。将"希望种子"留在心中,相信自己会有一个无可限量的未来,心存希望,任何艰难都不会成为我们的阻碍。只要怀抱希望,生命自然会充满激情与活力。

第一节 日常经济业务核算

【实训目的】

(1) 熟悉工业企业的业务流程。

(2) 依据原始凭证,分析各项经济业务引起会计要素的增减变动情况,编制相应的会计分录。
(3) 能够填制和审核有关原始凭证。
(4) 依据原始凭证或原始凭证汇总表填制记账凭证,并进行审核。
(5) 依据原始凭证或原始凭证汇总表和记账凭证登记日记账、明细账、备查簿等各种账簿。
(6) 依据记账凭证编制科目汇总表,依据科目汇总表登记总账。
(7) 学会对账与结账。
(8) 编制会计报表。
(9) 能够独立管理会计档案,特别是学会装订凭证、账簿。

【实训任务】
(1) 编制会计分录。
(2) 填制和审核有关原始凭证。
(3) 填制和审核记账凭证。
(4) 登记日记账、明细账、备查簿、总账等账簿。
(5) 编制科目汇总表,并依据科目汇总表登记总账。
(6) 对账与结账。
(7) 编制资产负债表、利润表。
(8) 整理和装订凭证、账簿。

【实训内容】
浙江皇冠家具有限责任公司2019年12月发生的经济业务如下:
(1) 1日,签发现金支票一张向银行提取现金20 000元备用(相关单据见原始凭证1)。

(2) 1日,收到转账支票一张,温州万达商场偿还前欠货款410 000元,已办理进账手续(相关单据见原始凭证2)。

(3) 1日,办公室主任刘海到重庆出差,预借差旅费8 000元,以现金支付(相关单据见原始凭证3)。

(4) 2日,购买文件夹,共计235.04元,以转账支付(相关单据见原始凭证4-1至原始凭证4-4)。

(5) 2日,从光明木材厂购买木材一批,已验收入库,收到的增值税专用发票上注明的单价为200元,数量为2 500立方米,合计金额为500 000元,增值税额为65 000元,开出转账支票支付货款(相关单据见原始凭证5-1至原始凭证5-4)。

(6) 3日,从银行取得3个月期限的周转借款480 000元,月利率为0.5%(相关单据见原始凭证6)。

(7) 4日,向山东青云公司销售实木床300张,每张售价为3 200元,价款共计960 000元,增值税额为124 800元;销售办公桌350张,每张售价为3 300元,价款共计1 155 000元,增值税额为150 150元,款项已经全部收到(相关单据见原始凭证7-1至原始凭证7-3)。

(8) 8日,从宁波北仑涂料厂购买涂料一批,已经验收入库,收到的增值税专用发票上注明的单价为240元,数量为2 000桶,合计金额480 000元,增值税额为62 400元,款项尚未支付(相关单据见原始凭证8-1至原始凭证8-3)。

(9) 5日,行政部戴永明报销招待客户餐费520元,以现金支付(相关单据见原始凭证9-1和原始凭证9-2)。

(10) 6日,与文海商场达成销售意向,并预收货款100 000元(相关单据见原始凭证10)。

(11) 8日,刘主任从重庆出差回来,报销差旅费6 508元,退回1 492元(相关单据见原始凭证11-1至原始凭证11-9)。

(12) 4日,委托宜家家居有限公司加工200张实木地板,并向对方提供木材1 800立方米,涂料1 200桶,支付加工费,收到的增值税专用发票上注明的加工费为100 000元,增值税额为13 000元;向运输公司支付运输费2 180元,收到的增值税专用发票上注明的运输费2 000元,增值税额为180元。由于没有同期同类产品销售价格,采用组价计算消费税,税额为39 052.63元,公司在收回之后用于直接对外销售,以上加工费、运费、税费均以银行存款支付(相关单据见原始凭证12-1至原始凭证12-10)。

(13) 8日,出售一台废旧钻床,价款6 500元已存入银行。该机床原始价值为11 950元,已提折旧为2 932.73元(包括处置当月折旧额)(相关单据见原始凭证13-1至原始凭证13-3)。

(14) 9日,向上海证券交易公司划出资金110 000元,作为存出投资款(相关单据见原始凭证14-1和原始凭证14-2)。

(15) 9日,委托上海证券交易公司从上海证券交易所购入A上市公司股票10 000股,支付价款100 000元,其中包含已宣告但尚未发放的现金股利6 000元,另支付相关交易费用2 500元,取得的增值税专用发票上注明的增值税额为150元,将其划分为交易性金融资产进行核算(相关单据见原始凭证15-1至原始凭证15-5)。

(16) 9日,以现金订阅本月报纸杂志680元(相关单据见原始凭证16-1和原始凭证16-2)。

(17) 9日,参加11月底家具展览会,以银行存款支付展览费4 200元,市场部参展人员报销参展花销490元,以现金支付(相关单据见原始凭证17-1至原始凭证17-6)。

(18) 10日,以银行存款交纳上月应交增值税、城市维护建设税、教育费附加、印花税及社会保险费(相关单据见原始凭证18-1至原始凭证18-3)。

(19) 10日,交纳上月应交纳房产税2 100元、车船税1 600元、城镇土地使用税450元(相关单据见原始凭证19)。

(20) 10日,收到A上市公司发放的现金股利6 000元,并存入"存出投资款"账户(相关单据见原始凭证20)。

(21) 11日,向伟东商场销售实木床450张,每张售价为3 100元,价款共计1 395 000元,增值税销项税额为181 350元。该项交易附有现金折扣条件"2/10,1/20,n/30"(不考虑增值税),货款暂欠(相关单据见原始凭证21-1和原始凭证21-2)。

(22) 12日,山东青云公司收到本公司4日所销售的实木床后,发现实木床色泽有偏差,经协商,本公司同意在价格上给予5%的折让,并办妥了相关手续(相关单据见原始凭证22-1和原始凭证22-2)。

(23) 13日,按合同将200张办公桌发给文海商场,每张售价为3 300元,价款共计660 000元,增值税销项税额为85 800元,同时收到该商场支付的剩余款项645 800元(相关单据见原始凭证23-1至原始凭证23-3)。

(24) 13日,向汉通设备厂购入不需要安装的机床一台,买价和税金共计356 923.08元,运输费共计4 120.20元(含增值税),设备款项已用银行存款支付(相关单据见原始凭证24-1至原始凭证24-6)。

(25) 14日,收回宜家家居有限公司完工的实木地板,并验收入库(相关单据见原始凭证25)。

(26) 15日,提取现金101 433.50元,用于发放工资(相关单据见原始凭证26)。

(27) 15日,发放11月份工资(相关单据见原始凭证27)。

(28) 15日,交纳11月代扣的个人所得税23.52元(相关单据见原始凭证28)。

(29) 15日,行政部门报销汽车修理费470元(相关单据见原始凭证29-1至原始凭证29-3)。

(30) 15日,从光明木材厂购买木材一批,已经验收入库,收到的增值税专用发票上注明单价200元,数量1 550立方米,合计金额310 000元,增值税额为40 300元。上述款项已用银行存款付清(相关单据见原始凭证30-1至原始凭证30-4)。

(31) 15日,将万方公司2019年11月1日开出的2020年2月1日到期、面值为585 000元的商业汇票到银行办理贴现,银行年贴现率为9%,取得贴现金额(相关单据见原始凭证31)。

(32) 16日,销售实木地板,收到价款和增值税额,且销售价格不高于受托方同期售价(相关单据见原始凭证32-1至原始凭证32-3)。

(33) 16日,开出转账支票,向广发货运公司支付本月销售产品运杂费10 900元(含税)(相关单据见原始凭证33-1至原始凭证33-3)。

(34) 16日,向宝莱公司购买生产专利,开出转账支票付款143 100元(相关单据见原始凭证34-1至原始凭证34-3)。

(35) 17日,发生增值税税控系统专用设备技术维护费,取得的增值税专用发票上注明的价款为821.24元,增值税额为106.76元,价款和税款以银行存款支付(相关单据见原始凭证35-1至原始凭证35-3)。

(36) 18 日,出售一栋破旧厂房,该厂房系 2015 年 12 月 1 日购入的,收到含税价款 252 000 元,厂房账面原价 300 000 元,已提折旧 42 750 元(包括处置当月折旧额),根据税法规定计算应交土地增值税 11 493 元,并支付厂房清理费用 3 000 元,取得清理公司开具的增值税专用发票上注明的增值税额为 180 元(相关单据见原始凭证 36-1 至原始凭证 36-8)。

(37) 19 日,归还 9 月 19 日借入的短期借款 490 000 元,划付利息 7 350 元,前 2 个月利息已计提(相关单据见原始凭证 37)。

(38) 20 日,购入一幢简易厂房作为生产车间,该厂房已交付使用,取得的增值税专用发票上注明的价款为 800 000 元,增值税额为 72 000 元,款项已通过银行存款支付(相关单据见原始凭证 38-1 至原始凭证 38-4)。

(39) 21 日,向个体工商户张三购买五金配件和胶粘剂,作为周转材料,支付价款 50 000 元,其中五金配件 40 000 元,胶粘剂 10 000 元,取得杭州税务局代开的增值税专用发票,注明的增值税额为 1 500 元,款项已支付(相关单据见原始凭证 39-1 至原始凭证 39-5)。

(40) 22 日,生产实木床和办公桌领用五金配件和胶粘剂各 80%(相关单据见原始凭证 40-1 至原始凭证 40-4)。

(41) 23 日,销售剩余 20% 的五金配件和胶粘剂,取得销售收入,价款共计 12 000 元,增值税额为 1 560 元,收到款项和增值税已存入银行(相关单据见原始凭证 41-1 至原始凭证 41-4)。

(42) 23日,聘请天行专业设计有限公司设计家具装饰品,市场部门制定后分发给各个客户做品牌宣传,预付给该公司设计费16.60万元(含税),订制装饰品200件,每件价格为580元(含税),款项和税费均已通过银行存款支付(相关单据见原始凭证42)。

(43) 23日,向宁波北仑涂料厂购买涂料一批,收到的增值税专用发票上注明的单价为260元,数量为1 800桶,合计金额468 000元,增值税进项税额60 840元,款项已经支付,但涂料尚未运抵企业(相关单据见原始凭证43-1至原始凭证43-3)。

(44) 24日,盘点仓库时发现木材少了61.5立方米,价值12 300元(相关单据见原始凭证44-1和原始凭证44-2)。

(45) 24日,向农民李四收购竹子,用于明年生产凉席,取得农产品收购发票上注明的价款为50 000元(相关单据见原始凭证45-1至原始凭证45-3)。

(46) 25日,向海天广告公司支付广告费40 280元(相关单据见原始凭证46-1至原始凭证46-3)。

(47) 25日,收到伟东商场11日购买实木床支付的货款(相关单据见原始凭证47)。

(48) 26日,经查,24日盘亏的木材是由于职工曾燕琼保管不利造成,由其赔偿损失2 300元,其余转为营业外支出(相关单据见原始凭证48)。

(49) 26日,向宁波北仑涂料厂购买的涂料已经验收入库(相关单据见原始凭证49)。

(50) 27日,支付本月清洁费用400元(相关单据见原始凭证50-1和原始凭证50-2)。

(51) 27日,确认一笔应付森林木材厂货款30 000元无法支付,对此予以转销(相关单据见原始凭证51)。

(52) 28日,开出现金支票提取备用金10 000元(相关单据见原始凭证52)。

(53) 28日,收到伟东商场前欠货款170 000元(相关单据见原始凭证53)。

(54) 28日,用银行存款偿还前欠宁波北仑涂料厂的款项608 400元(相关单据见原始凭证54)。

(55) 29日,接到银行利息回单,本月银行存款利息收入4 890元已转入存款账户(相关单据见原始凭证55)。

(56) 30日,银行转来自来水公司委托收款通知单,价税合计16 023元。公司共耗水4 900吨,单价为3元,其中:管理部门耗水490吨,生产车间耗水4 410吨(相关单据见原始凭证56-1至原始凭证56-4)。

(57) 30日,银行转来供电公司委托收款通知单,价税合计36 340.80元,公司共耗电67 000度,单价为0.48元,其中:生产实木床、办公桌共耗电48 000度。生产车间照明耗电10 000度,管理部门耗电9 000度,增值税税率为13%(相关单据见原始凭证57-1至原始凭证57-4)。

(58) 30日,收到订制的家具装饰品,取得天竹专业设计有限公司开具的两张增值税专用发票,注明的设计费和装饰品分别为50 000元和100 000元,增值税额分别为3 000元和13 000元,并于当日分发给各个客户及潜在客户,按照约定,无论对方是否购买本公司家具,均无须返还家具装饰品(相关单据见原始凭证58-1至原始凭证58-4)。

(59) 30日,以银行存款支付公司本月电话费5 142.82元(相关单据见原始凭证59-1和原始凭证59-2)。

(60) 30日,接受新的投资者赵五的投资,经资产评估机构确认,赵五在投资500 000元外还需要投入120 000元,才能享有与原投资者同等的投资比例,按合同约定,赵五从次年开始享受利润分配(相关单据见原始凭证60-1和原始凭证60-2)。

(61) 31日,持有A上市公司股票的公允价值为110 000元(相关单据见原始凭证61)。

(62) 31日,将剩余存出投资款金额转回银行存款账户(相关单据见原始凭证62-1和原始凭证62-2)。

(63) 31日,经批准将企业资本公积100 000元转增注册资本(相关单据见原始凭证63)。

(64) 31日,预提本月短期借款利息(相关单据见原始凭证64)。

(65) 31日,摊销无形资产(相关单据见原始凭证65)。

(66) 31日,计提固定资产折旧(相关单据见原始凭证66)。

(67) 31日,计提12月的工资费用(相关单据见原始凭证67)。

(68) 31日,将本月实发工资通过银行转入个人账户,银行结转手续费每人1元(相关单据见原始凭证68)。

(69) 31日,根据仓库报来的材料出入库计算表,分配原材料费用。其中,生产实木床领用木材1 500立方米、领用涂料1 100桶,生产办公桌领用木材1 800立方米、领用涂料1 200桶(相关单据见原始凭

证69-1至原始凭证69-5)。

(70) 31日,结转分配制造费用,按实木床、办公桌的工时进行分配(相关单据见原始凭证70)。

(71) 31日,结转本月完工产品成本。其中,实木床有200张完工入库,办公桌有240张完工入库(相关单据见原始凭证71-1至原始凭证71-4)。

(72) 31日,计算并结转本月销售成本(相关单据见原始凭证72)。

(73) 31日,计算并结转本月应交增值税、城市维护建设税、教育费附加(相关单据见原始凭证73)。

(74) 31日,按税法规定本期应交纳房产税2 100元,车船税1 600元,城镇土地使用税450元,消费税48 947.37元(相关单据见原始凭证74)。

(75) 31日,计算本月应交所得税费用(相关单据见原始凭证75)。

(76) 31日,计算并结转本期损益类账户,同时,将"本年利润"账户的余额转入"利润分配——未分配利润"账户(无原始凭证)。

(77) 31日,提取法定盈余公积,并按净利润50%向投资者分配现金股利(相关单据见原始凭证76-1和原始凭证76-2)。

(78) 31日,将"利润分配"各明细分类账户的余额转入"利润分配——未分配利润"明细分类账户(无原始凭证)。

第二节　所附原始凭证

原始凭证 1

原始凭证 2

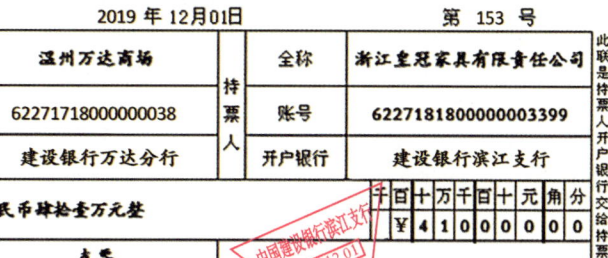

原始凭证 3

借　款　单

资金性质	差旅费			2019年12月01日				
借款部门	办公室	姓名	刘海	事由	出差重庆			
借款金额（大写）	人民币捌仟元整					（小写）¥8 000.00		
领导审批	皇商江	财务审批	段振华	财务复核	戴永明	部门审批	刘海	
出纳付款	何筱夜			借款人	刘海			

原始凭证 4-1

3309255621

增值税专用发票

No 20987911

3309255621
20987911

校验码 0367247815429416

开票日期：2019年12月02日

购买方	名　称：	浙江皇冠家具有限责任公司							密码区	67/*+3*0/611*++0/+0*/*+3+2/9 *11*+66666**066611*+66666* 1**+216***6000*261*2*4/*547 203994+-42*64151*6915361/3*	
	纳税人识别号：	330123142933996									
	地址、电话：	杭州市滨江高新技术开发区308号 0571-88900333									
	开户行及账号：	建设银行滨江支行 6227181800000003399									
货物或应税劳务、服务名称		规格型号	单位	数量	单价	金额	税率	税额			
*办公用品*文件夹			个	26	8.00	208.00	13%	27.04			
合　计						¥208.00		¥27.04			
价税合计（大写）		⊗ 贰佰叁拾伍元零肆分				（小写）¥235.04					
销售方	名　称：	海信图文				备注	330382716175391 发票专用章				
	纳税人识别号：	330382716175391									
	地址、电话：	杭州市滨江高新技术开发区102号 0571-87691328									
	开户行及账号：	建设银行滨江支行 45222356517888263									
收款人：		复核：		开票人：蔡秀培		销售方：（章）					

原始凭证 4-2

3309255621

增值税专用发票

No 20987911

3309255621
20987911

校验码 0367247815429416

开票日期：2019年12月02日

购买方	名　称：	浙江皇冠家具有限责任公司							密码区	67/*+3*0/611*++0/+0*/*+3+2/9 *11*+66666**066611*+66666* 1**+216***6000*261*2*4/*547 203994+-42*64151*6915361/3*	
	纳税人识别号：	330123142933996									
	地址、电话：	杭州市滨江高新技术开发区308号 0571-88900333									
	开户行及账号：	建设银行滨江支行 6227181800000003399									
货物或应税劳务、服务名称		规格型号	单位	数量	单价	金额	税率	税额			
*办公用品*文件夹			个	26	8.00	208.00	13%	27.04			
合　计						¥208.00		¥27.04			
价税合计（大写）		⊗ 贰佰叁拾伍元零肆分				（小写）¥235.04					
销售方	名　称：	海信图文				备注	330382716175391 发票专用章				
	纳税人识别号：	330382716175391									
	地址、电话：	杭州市滨江高新技术开发区102号 0571-87691328									
	开户行及账号：	建设银行滨江支行 45222356517888263									
收款人：		复核：		开票人：蔡秀培		销售方：（章）					

原始凭证 4-3

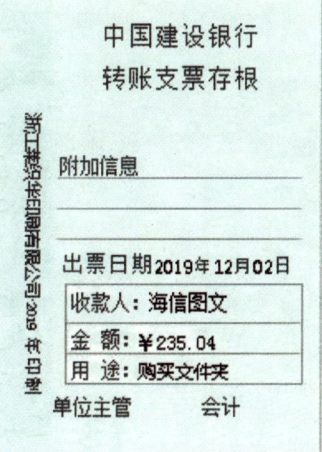

原始凭证 4-4

报 销 单

填报日期： 2019 年12月02日　　　　单据及附件共2张

姓名	曾燕琼	所属部门	行政部	报销形式 支票号码		转账	
报销项目			摘要		金额		备注：
办公费			购买文件夹		￥235.04		
			合计				
金额大写：零万 零仟 贰佰 叁拾 伍元 零角 肆分					原借款： 元		应退款： 元 应补款： 元
总经理：皇莆江　　财务经理：戴永明　　会计：　　出纳：　　部门经理：　　领款人：曾燕琼							

原始凭证 5-1

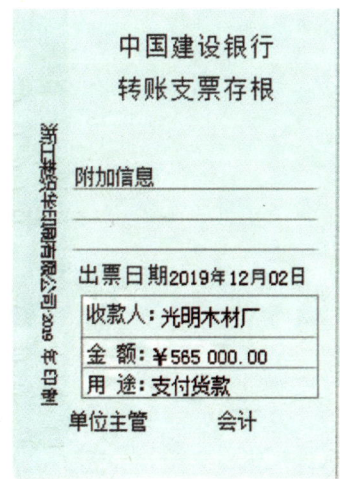

原始凭证 5-2

| 3300102140 | 增值税专用发票 | No 03516385 | 3300102140 03516385 |

校验码 6428732854195533　　　　　　　　开票日期：2019年12月02日

| 购买方 | 名称：浙江皇冠家具有限责任公司
纳税人识别号：330123142933996
地址、电话：杭州市滨江高新技术开发区308号 0571-88900333
开户行及账号：建设银行滨江支行 6227181800000003399 | 密码区 | 67/*+3*0/611*++0/+0*/*+3+2/9
11+66666**066611*+66666*
1**+216***6000*261*2*4/*547
203994+-42*64151*6915361/3* |

货物或应税劳务、服务名称	规格型号	单位	数量	单价	金额	税率	税额
*木材		立方米	2 500	200.00	500 000.00	13%	65 000.00
合　计					¥ 500 000.00		¥ 65 000.00
价税合计（大写）	⊗ 伍拾陆万伍仟元整				（小写）¥ 565 000.00		

| 销售方 | 名称：光明木材厂
纳税人识别号：330323141324556
地址、电话：浙江省乐清市虹桥镇北三村 0577-62861120
开户行及账号：建设银行虹桥支行 6227162756405000331 | 备注 | 光明木材厂
330323141324556
发票专用章 |

收款人：　　　　复核：　　　　开票人：陈思文　　　　销售方：（章）

原始凭证 5-3

| 3300102140 | 增值税专用发票 | No 03516385 | 3300102140 03516385 |

校验码 6428732854195533　　　　　　　　开票日期：2019年12月02日

| 购买方 | 名称：浙江皇冠家具有限责任公司
纳税人识别号：330123142933996
地址、电话：杭州市滨江高新技术开发区308号 0571-88900333
开户行及账号：建设银行滨江支行 6227181800000003399 | 密码区 | 67/*+3*0/611*++0/+0*/*+3+2/9
11+66666**066611*+66666*
1**+216***6000*261*2*4/*547
203994+-42*64151*6915361/3* |

货物或应税劳务、服务名称	规格型号	单位	数量	单价	金额	税率	税额
*木材		立方米	2 500	200.00	500 000.00	13%	65 000.00
合　计					¥ 500 000.00		¥ 65 000.00
价税合计（大写）	⊗ 伍拾陆万伍仟元整				（小写）¥ 565 000.00		

| 销售方 | 名称：光明木材厂
纳税人识别号：330323141324556
地址、电话：浙江省乐清市虹桥镇北三村 0577-62861120
开户行及账号：建设银行虹桥支行 6227162756405000331 | 备注 | 光明木材厂
330323141324556
发票专用章 |

收款人：　　　　复核：　　　　开票人：陈思文　　　　销售方：（章）

原始凭证 5-4

入 库 单   No 00257847

送货厂商：光明木材厂
物料类别：☐ 原材料　☐ 成品　☐ 其他　　　2019 年 12 月 02 日

品名/牌号	订单号	规格	数量	单位	单价	金额
木材			2 500	立方米		

第二联 交财务部

主管：　　　　品管：　　　　仓库：曾燕琼　　　　送货人：

原始凭证 6

中国建设银行借款凭证（回单）

单位编号：　　　　　　日期：2019 年 12 月 03 日　　　　银行编号：038

借款人	名称	浙江皇冠家具有限责任公司	收款人	名称	浙江皇冠家具有限责任公司
	账号	6227181800000003399		账号	6227181800000003399
	开户银行	建设银行滨江支行		开户银行	建设银行滨江支行

借款期限（最后还款日）	3 个月	利率	0.5%	起息日期	2019 年 12 月 03 日

借款申请金额	人民币（大写）肆拾捌万元整	千	百	十	万	千	百	十	元	角	分
				¥	4	8	0	0	0	0	0

借款原因及用途	购材料	银行核定金额	千	百	十	万	千	百	十	元	角	分
						¥	4	8	0	0	0	0	0

备注：	期限	还款日期	还款金额
	3 个月	2019.03.03	480 000.00

中国建设银行滨江支行
2019.12.03
办讫

上述借款业务已同意贷给并转入你单位往来账户，借款到期时应按期归还。
《银行盖章》2019 年 12 月 03 日

原始凭证 7-1

中国建设银行 进账单 （收账通知） 1

2019 年 12 月 04 日　　　第 002 号

出票人	全称	山西青云公司	持票人	全称	浙江皇冠家具有限责任公司
	账号	6223826366638127286		账号	6227181800000003399
	开户银行	建设银行北城支行		开户银行	建设银行滨江支行

人民币（大写）	贰佰叁拾捌万玖仟玖佰伍拾元整	千百十万千百十元角分
		¥2389950 00

票据种类	支票
票据张数	1

（盖章：中国建设银行滨江支行 2019.12.04 办讫）

单位主管：　　会计：　　复核：　　记账：　　持票人开户银行盖章

此联是持票人开户银行交给持票人的收款通知

原始凭证 7-2

出 库 单　　No 0021482

会计部门编号
仓库部门编号　　　2019 年 12 月 04 日

编号	名称	规格	单位	出库数量	单价	金额	备注
1	实木床		张	300			
2	办公桌		张	350			
	合计						

生产车间或部门：　　　　　　　　仓库管理员：曾燕琼

第二联 交财务部

原始凭证 7-3

1300053140  No 02995606 1300053140
02995606

校验码 0367145219803121 此联不作报销抵税凭证使用 开票日期:2019年12月04日

购买方	名　称:	山西青云公司				密码区	67/*+3*0/611*++0/+0*/*+3+2/9 *11*+66666**066611*+66666* 1**+216**6000*261*2*4/*547 203994+-42*64151*6915361/3*		
	纳税人识别号:	142706029224015							
	地址、电话:	运城市运万路幸福庄 0359-20220505							
	开户行及账号:	建设银行北城支行 6223826366638127286							
货物或应税劳务、服务名称	规格型号		单位	数量	单价		金额	税率	税额
*实木床			张	300	3 200.00		960 000.00	13%	124 800.00
*办公桌			张	350	3 300.00		1 155 000.00	13%	150 150.00
合　计							¥ 2 115 000.00		¥274 950.00
价税合计(大写)	贰佰叁拾捌万玖仟玖佰伍拾元整						(小写) ¥ 2 389 950.00		
销售方	名　称:	浙江皇冠家具有限责任公司				备注			
	纳税人识别号:	330123142933996							
	地址、电话:	杭州市滨江高新技术开发区308号 0571-88900333							
	开户行及账号:	建设银行滨江支行 6227181800000003399							

收款人:　　　　　复核:　　　　　开票人: 段振华　　　　　销售方:(章)

原始凭证 8-1

入　库　单　No 00257843

送货厂商: 宁波北仑涂料厂
物料类别: □ 原材料　 □ 成品　 □ 其他　　2019 年 12 月 08 日

品名/牌号	订单号	规格	数量	单位	单价	金额
涂料			2 000	桶		

主管:　　　　　品管:　　　　　仓库: 曾燕琼　　　　　送货人:

原始凭证 8-2

3300102280　　　　No13988450　　3300102280
　　　　　　　　　　　　　　　　　　　　　　　　　　　　　13988450

校验码　5418372135154680　　　　　　　　　　　　开票日期：2019年12月08日

购买方	名　称：	浙江皇冠家具有限责任公司							密码区	67/*+3*0/611*++0/+0*/*+3+2/9 *11*+66666**066611*+66666* 1**+216***6000*261*2*/*547 203994+-42*64151*6915361/3*
	纳税人识别号：	330123142933996								
	地址、电话	杭州市滨江高新技术开发区308号　0571-88900333								
	开户行及账号：	建设银行滨江支行　6227181800000003399								

货物或应税劳务、服务名称	规格型号	单位	数量	单价	金额	税率	税额
*涂料		桶	2 000	240.00	480 000.00	13%	62 400.00
合　计					¥480 000.00		¥62 400.00
价税合计（大写）	⊗伍拾肆万贰仟肆佰元整				（小写）¥542 400.00		

销售方	名　称：	宁波北仑涂料厂	备注
	纳税人识别号：	330305145566031	
	地址、电话	浙江省宁波市经济技术开发区滨海四道518号　0574-88690999	
	开户行及账号：	建设银行宁波支行　6227162761056888888	

收款人：　　　　　复核：　　　　　开票人：陈文　　　　　销售方：（章）

原始凭证 8-3

3300102280　　　　No13988450　　3300102280
　　　　　　　　　　　　　　　　　　　　　　　　　　　　　13988450

校验码　5418372135154680　　　　　　　　　　　　开票日期：2019年12月08日

购买方	名　称：	浙江皇冠家具有限责任公司							密码区	67/*+3*0/611*++0/+0*/*+3+2/9 *11*+66666**066611*+66666* 1**+216***6000*261*2*/*547 203994+-42*64151*6915361/3*
	纳税人识别号：	330123142933996								
	地址、电话	杭州市滨江高新技术开发区308号　0571-88900333								
	开户行及账号：	建设银行滨江支行　6227181800000003399								

货物或应税劳务、服务名称	规格型号	单位	数量	单价	金额	税率	税额
*涂料		桶	2 000	240.00	480 000.00	13%	62 400.00
合　计					¥480 000.00		¥62 400.00
价税合计（大写）	⊗伍拾肆万贰仟肆佰元整				（小写）¥542 400.00		

销售方	名　称：	宁波北仑涂料厂	备注
	纳税人识别号：	330305145566031	
	地址、电话	浙江省宁波市经济技术开发区滨海四道518号　0574-88690999	
	开户行及账号：	建设银行宁波支行　6227162761056888888	

收款人：　　　　　复核：　　　　　开票人：陈文　　　　　销售方：（章）

原始凭证 9-1

2330011211

No07340770

2330011211
07340770

校验码 3619278315481698

开票日期：2019年12月05日

购买方	名　　称	浙江皇冠家具有限责任公司				密码区	67/*+3*0/611*++0/+0*/*+3+2/9 *11*+66666**066611*+66666* 1**+216***6000*261*2*4/*547 203994+-42*64151*6915361/3*
	纳税人识别号	330123142933996					
	地址、电话	杭州市滨江高新技术开发区308号　0571-88900333					
	开户行及账号	中国建设银行滨江支行　6227181800000003399					

货物或应税劳务、服务名称	规格型号	单位	数量	单价	金额	税率	税额
*生活服务*餐费					504.85	3%	15.15
合　计					¥504.85		¥15.15

价税合计（大写）	⊗ 伍佰贰拾元整	（小写）¥520.00

销售方	名　　称	朝军海鲜饭店	备注
	纳税人识别号	330323126833261	
	地址、电话	杭州市下沙高沙商业广场1809号　0571-83691433	
	开户行及账号	建设银行高沙支行　6222839277643824864	

收款人：　　　　复核：　　　　开票人：李朝军　　　　销售方：（章）

原始凭证 9-2

报　销　单

报销部门：行政部　　　　2019年12月05日　　　　单据及附件共 1 页

用　途	单据	金额	备注	
餐费		520.00	财务经理	戴永明
			领导审批	皇甫江
			领款人签字	戴永明

合计人民币：（大写）零 万 零仟伍 佰贰 拾零 元零角 零分　　（小写）¥520.00

原始凭证 10

中国建设银行 进账单 （收账通知）   1

2019年12月06日　　　　　第008号

出票人	全称	文海商场	持票人	全称	浙江皇冠家具有限责任公司
	账号	6227202000000002278		账号	6227181800000003399
	开户银行	建设银行青年路支行		开户银行	建设银行滨江支行

人民币（大写）拾万元整　　　　　￥100000 00

票据种类	支票
票据张数	1

（盖章：中国建设银行滨江支行 2019.12.06 办讫）

单位主管：　　会计：　　复核：　　记账：　　持票人开户银行盖章

此联是持票人开户银行交给持票人的收款通知

原始凭证 11-1

收 款 凭 证

2019 年 12 月 08 日

收到	办公室　刘海
收款事由	交回多余差旅费借款
金额	￥1492 00　人民币：壹仟肆佰玖拾贰元整

出纳：何莜夜　　　　　经手人：刘海

原始凭证 11-2

差 旅 费 报 销 单

附件：5 张　　　　　　　　　2019 年 12 月 08 日

出差人	刘海		共 1 人	职　务	办公室主任		审批人	皇甫江	
出差事由	会议			出差	自 2019 年 12 月 01 日				
到达地点	重庆			日期	至 2019 年 12 月 07 日，共 7 天				
项目	交通工具			其他		住宿费	出差补贴		
金额	火车	汽车	飞机	餐饮费	会议费	住宿 6 天	天数		金额
	110.00	1 680.00	657.20	1 060.00	2 510.80	7 天			490.00
总计人民币（大写）陆仟伍佰零捌元整							（小写）¥6 508.00		
原借款金额		报销金额		交结余或超支金额　¥1 492.00					
8 000.00		6 508.00		人民币（大写）壹仟肆佰玖拾贰元整					
会计主管　戴永明				会计　段振华			出纳员　何薇夜		

原始凭证 11-3

原始凭证 11-4

杭州海博出租汽车有限公司

FARE RECEIPT

发票代码：231001010115

发票号码：83633459

企业法人营业执照
注册号：3300001000394
国税
地字
叫车电话：96933
监督电话：61132828
公司地址：宜山路829号

车号	970-69·869032
证号	253819
日期	2019.12.07
上/下车	11:15-12:25
单价（元）	2.50
里程（KM）	22.0
等候	00:01.03
路桥费（元）	——
总金额（元）	55.00

手写无效

卡号
原/余额
存
根

原始凭证 11-5

航空运输电子客票行程单
INTINERARY/RECEIPT OF E-TICKET FOR AIR TRANSPORT

印制序号 SERIAL NUMER：9284921473

旅客姓名 NAME OF PASSENGER	有效身份证件号码 ID.No	签注 ENDORSEMENTS/RFSTRI(TIONS|CARBON)
刘海	330323197104132412	不得签转

	承运人 CARRIER	航班号 FLIGHT	座位等级 CLASS	日期 DATE	时间 TIME	客票级别/客票类别 FARE DASIS	客票生效日期 NOTVALID BEFORE	有效截止日期 MOT VALID AFIER	免费行李 ALLOW
向FROM 杭州	SC	4896 VOLD	K	01DEC	10:30				20K
至TO 重庆									
至TO									
至TO									

票价 FARE	机场建设费 AIRPORT TAX	燃油附加费 FUEL SLRCHARGE	其他税费 OTHER ATXES	合计 TOTAL
CNY 690.00	CN50.00	70.00		CNY810.00

电子客票号码 E-TICKEINO	验证码 CK.	提示信息 INFORATION	保险费 INSURANCE
3241770685433	3242		

销售单位代号 AGENT CODE	填开单位 ISSUED BY	填开日期 DATE OF ISSUE
FEK88	中国民航信息中心	2019-12-01

原始凭证 11-6

航空运输电子客票行程单
INTINERARY/RECEIPT OF E-TICKET
FOR AIR TRANSPORT

印刷序号: 9289021486
SERIAL NUMER

旅客姓名 NAME OF PASSENGER	有效身份证件号码 ID.NO.	签注 ENDORSEMENTS/RFSTRI(TIONSICARBON)
刘海	330323197104132412	不得签转

	承运人 CARRIER	航班号 FLIGHT	座位等级 CLASS	日期 DATE	时间 TIME	客票级别/客票类别 FARE DASIS	客票生效日期 NOTVALID BEFORE	有效截止日期 MOT VALID AFIER	免费行李 ALLOW
自 FROM 重庆	SC	3657	K	07DEC	16:30	Y60			20K
至 TO 杭州		VOID							
至 TO									
至 TO									

票价 FARE	机场建设费 AIRPORI TAX	燃油附加费 FUEL SLRCHARGE	其他税费 OTHER ATXES	合计 TOTAL
CNY 750.00	CN50.00	7000		CNY870.00

电子客票号码 E-TICKEINO	3241774385188	验证码 CK.	4390	保险费 INSURANCE

销售单位代号 AGENT CODE	FEK88	填开单位 ISSUED BY	中国民航信息中心	填开日期 DATE OF ISSUE	2019-12-07

原始凭证 11-7

 2100043760   增值税专用发票   No 06408007   2100043760
                                                                06408007

校验码 1457021007801480   开票日期: 2019年12月07日

购买方	名　称: 浙江皇冠家具有限责任公司	密码区	67/*+3*0/611*++0/+0*/*+3+2/9 *11*+66666**066611*+66666* 1**+216***6000*261*2*4/*547 203994+-42*64151*6915361/3*
	纳税人识别号: 330123142933996		
	地　址、电话: 杭州市滨江高新技术开发区308号 0571-88900333		
	开户行及账号: 建设银行滨江支行 6227181800000003399		

货物或应税劳务、服务名称	规格型号	单位	数量	单价	金额	税率	税额
*生活服务*餐费					620.00	6%	37.20
合　计					¥620.00		¥37.20

价税合计(大写) ⊗ 伍佰伍拾柒元贰角整   (小写) ¥657.20

销售方	名　称: 芙蓉宾馆	备注	
	纳税人识别号: 301200023077363		
	地　址、电话: 重庆市霞浦路282号 023-87691423		
	开户行及账号: 建设银行霞浦支行 6222887739173672382		

收款人: 　　　　复核: 　　　　开票人: 刘刚 　　　　销售方: (章)

原始凭证 11-8

2100043760

No 00980021

2100043760
00980021

校验码　3216547893132640　　　　　　　　　　　　　　　　　开票日期：2019年12月07日

	名　　称	浙江皇冠家具有限责任公司						
购买方	纳税人识别号	330123142933996						
	地址、电话	杭州市滨江高新技术开发区308号　0571-88900333						
	开户行及账号	建设银行滨江支行　6227181800000003399						
货物或应税劳务、服务名称	规格型号	单位	数量	单价	金额	税率	税额
*生活服务*住宿费			1	2 368.68	2 368.68	6%	142.12
*生活服务*会议费			1	1 000.00	1 000.00	6%	60.00
合　　计					¥3 368.68		¥202.12
价税合计（大写）	⊗ 叁仟伍佰柒拾元捌角整				¥3 570.80		
	名　　称	芙蓉宾馆						
销售方	纳税人识别号	301200023077363		备注	301200023077363 发票专用章			
	地址、电话	重庆是霞浦路282号　023-87691423						
	开户行及账号	建设市行霞浦支行　2887739173782382						

收款人：　　　　　复核：　　　　　开票人：刘刚　　　　　销售方：（章）

原始凭证 11-9

2100043760

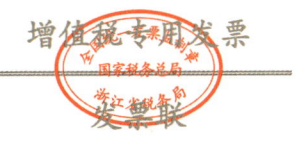

No 00980021

2100043760
00980021

校验码　3216547893132640　　　　　　　　　　　　　　　　　开票日期：2019年12月07日

	名　　称	浙江皇冠家具有限责任公司						
购买方	纳税人识别号	330123142933996						
	地址、电话	杭州市滨江高新技术开发区308号　0571-88900333						
	开户行及账号	建设银行滨江支行　6227181800000003399						
货物或应税劳务、服务名称	规格型号	单位	数量	单价	金额	税率	税额
*生活服务*住宿费			1	2 368.68	2 368.68	6%	142.12
*生活服务*会议费			1	1 000.00	1 000.00	6%	60.00
合　　计					¥3 368.68		¥202.12
价税合计（大写）	⊗ 叁仟伍佰柒拾元捌角整				¥3 570.80		
	名　　称	芙蓉宾馆						
销售方	纳税人识别号	301200023077363		备注	301200023077363 发票专用章			
	地址、电话	重庆是霞浦路282号　023-87691423						
	开户行及账号	建设市行霞浦支行　2887739173782382						

收款人：　　　　　复核：　　　　　开票人：刘刚　　　　　销售方：（章）

原始凭证 12-1

3309092800

No 09809345

3309092800
09809345

校验码 3210145054681497 开票日期：2019年12月04日

购买方	名称：浙江皇冠家具有限责任公司 纳税人识别号：330123142933996 地址、电话：杭州市滨江高新技术开发区308号 0571-88900333 开户行及账号：建设银行滨江支行 6227181800000003399	密码区	67/*+3*0/611*++0/+0*/*+3+2/9 *11*+66666**066611*+66666 1**+216***6000*261*2*4/*547 203994+-42*64151*6915361/3*

货物或应税劳务、服务名称	规格型号	单位	数量	单价	金额	税率	税额
*劳务*加工费			1	100 000.00	100 000.00	13%	13 000.00
合计					¥100 000.00		¥13 000.00

价税合计（大写）： 壹拾壹万叁仟元整 ¥113 000.00

销售方	名称：宜家家居有限公司 纳税人识别号：320923772944007 地址、电话：上海市宝山区东环南路1189号 400-800-2345 开户行及账号：建设银行宝山支行 6223897653902711781	备注	（宜家家居有限公司发票专用章）

收款人： 复核： 开票人：王红 销售方：（章）

原始凭证 12-2

3309092800

No 09809345

3309092800
09809345

校验码 3210145054681497 开票日期：2019年12月04日

购买方	名称：浙江皇冠家具有限责任公司 纳税人识别号：330123142933996 地址、电话：杭州市滨江高新技术开发区308号 0571-88900333 开户行及账号：建设银行滨江支行 6227181800000003399	密码区	67/*+3*0/611*++0/+0*/*+3+2/9 *11*+66666**066611*+66666 1**+216***6000*261*2*4/*547 203994+-42*64151*6915361/3*

货物或应税劳务、服务名称	规格型号	单位	数量	单价	金额	税率	税额
*劳务*加工费			1	100 000.00	100 000.00	13%	13 000.00
合计					¥100 000.00		¥13 000.00

价税合计（大写）： 壹拾壹万叁仟元整 ¥113 000.00

销售方	名称：宜家家居有限公司 纳税人识别号：320923772944007 地址、电话：上海市宝山区东环南路1189号 400-800-2345 开户行及账号：建设银行宝山支行 6223897653902711781	备注	（宜家家居有限公司发票专用章）

收款人： 复核： 开票人：王红 销售方：（章）

原始凭证 12-3

3309092801   增值税专用发票   No 09819346   3309092801 09809346

校验码 0652321254182098   开票日期：2019年12月04日

购买方	名称	浙江皇冠家具有限责任公司
	纳税人识别号	330123142933996
	地址、电话	杭州市滨江高新技术开发区308号 0571-88900333
	开户行及账号	建设银行滨江支行 6227181800000003399

货物或应税劳务、服务名称	规格型号	单位	数量	单价	金额	税率	税额
*交通运输*运费			1	2 000.00	2 000.00	9%	180.00
合计					¥2 000.00		¥180.00

价税合计（大写） ⊗ 贰仟壹佰捌拾元整   （小写）¥2 180.00

销售方	名称	龙翔物流
	纳税人识别号	345897512465821
	地址、电话	浙江省杭州市下沙区经济技术开发区1209号 0571-87665421
	开户行及账号	建设银行下沙支行 6288873339092347548

收款人：   复核：   开票人：王红   销售方：（章）

原始凭证 12-4

3309092801   增值税专用发票   No 09819346   3309092801 09809346

校验码 0652321254182098   开票日期：2019年12月04日

购买方	名称	浙江皇冠家具有限责任公司
	纳税人识别号	330123142933996
	地址、电话	杭州市滨江高新技术开发区308号 0571-88900333
	开户行及账号	建设银行滨江支行 6227181800000003399

货物或应税劳务、服务名称	规格型号	单位	数量	单价	金额	税率	税额
*交通运输*运费			1	2 000.00	2 000.00	9%	180.00
合计					¥2 000.00		¥180.00

价税合计（大写） ⊗ 贰仟壹佰捌拾元整   （小写）¥2 180.00

销售方	名称	龙翔物流
	纳税人识别号	345897512465821
	地址、电话	浙江省杭州市下沙区经济技术开发区1209号 0571-87665421
	开户行及账号	建设银行下沙支行 6288873339092347548

收款人：   复核：   开票人：王红   销售方：（章）

原始凭证 12-5

出 库 单　　No 334523

会计部门编号
仓库部门编号　　　　　　2019年12月04日

编号	名称	规格	单位	出库数量	单价	金额	备注
1	木材		立方米	1 800		350 000.00	
	合　计			1 800			

生产车间或部门：　　　　　　　　　　仓库管理员：曾燕琼

第二联　交财务部

原始凭证 12-6

出 库 单　　No 334524

会计部门编号
仓库部门编号　　　　　　2019 年 12 月 04 日

编号	名称	规格	单位	出库数量	单价	金额	备注
1	涂料		桶	1 200		299 400.00	
	合　计			1 200			

生产车间或部门：　　　　　　　　　　仓库管理员：曾燕琼

第二联　交财务部

原始凭证 12-7

中国建设银行　电汇凭证（回单）1

☑普通　☐加急　　委托日期：2019 年 12 月 04 日

	名称	浙江皇冠家具有限责任公司		名称	宜家家居有限公司
汇款人	账号	6227181800000003399	收款人	账号	6223897653902711781
	汇出地点	浙江省杭州市/县		汇入地点	上海市/县
	汇出行名称	建设银行滨江支行		汇入行名称	建设银行宝山支行

金额：壹拾壹万叁仟元整　　　　　¥ 1 1 3 0 0 0 0 0

（中国建设银行滨江支行 2019.12.04 办讫）

汇出行签章　　　　凭证安全码　　　附加信息及用途：

复核　　　记账

此联汇出行给汇款人的回单

原始凭证 12-8

中国建设银行 电汇凭证（回单）1

☑普通 □加急　　　委托日期：2019年12月04日

汇款人	全称	浙江皇冠家具有限责任公司	收款人	全称	龙翔物流
	账号	6227181800000003399		账号	6888733390923475489
	汇出地点	浙江省杭州市/县		汇入地点	浙江省杭州市/县
	汇出行名称	建设银行滨江支行		汇入行名称	建设银行支行

金额：贰仟壹佰捌拾元整　　　　　￥2180.00

（盖章：中国建设银行滨江支行 2019.12.04 办讫）

汇出行签章　　票证安全码　　附加信息及用途：

复核：　　记账：

此联汇出行给汇款人的回单

原始凭证 12-9

中国建设银行 电汇凭证（回单）1

☑普通 □加急　　　委托日期：2019年12月04日

汇款人	全称	浙江皇冠家具有限责任公司	收款人	全称	宜家家居有限公司
	账号	6227181800000003399		账号	6223897653902711781
	汇出地点	浙江省杭州市/县		汇入地点	省上海市/县
	汇出行名称	建设银行滨江支行		汇入行名称	建设银行宝山支行

金额：叁万玖仟零伍拾贰元陆角叁分　　　　￥39052.63

（盖章：中国建设银行滨江支行 2019.12.04 办讫）

汇出行签章　　票证安全码　　附加信息及用途：

复核：　　记账：

此联汇出行给汇款人的回单

原始凭证 12-10

电子缴税付款凭证

征收机关：国家税务总局上海市税务局　　　　转账日期：2019 年 12 月 04 日

纳税人名称	宜家家具有限公司			
纳税人识别号	320923772944007	收款国库（银行）名称	上海市国库	
付款人全称	宜家家具有限公司			
付款人帐号	622389765390271	付款人开户银行	中国建设银行	
税（费）种名称			税款所属期	实缴金额
消费税			2019.12	39 052.63
金额合计（大写）叁万玖仟零伍拾贰元陆角叁分			（小写）¥39 052.63	
本付款凭证与银行对账单付款记录一致方才有效			上述款项已扣缴，请与银行对账单核对一致	
征收机关（章）			扣款单位（章）	

打印密码：KFTLM-UGJIJ-ABCPQ-04NUJ-DBIJE-IGKIM-ABC4N-6MTUJ-ABCDE-FGHIJ-AHCGK-F1Q1

打印日期：2019年 12月 04日

原始凭证 13-1

原始凭证 13-2

固定资产报废单

金额单位：元

使用部门	生产车间	名称及型号	钻床
数量	1台	原值	11 950.00
预计使用寿命	10年	实际使用年限	2年
已计提折旧	2 932.73	净值	9 017.27
支付清理费用	0	收回变价收入	6 500.00
申请人	郝丽丽	报废日期	2019.12.08
申请报废理由		报废出售	

原始凭证 13-3

1300053140　　增值税专用发票　　No13988450　　1300051340
　　　　　　　此联不作报销抵扣税凭证使用　　　　　　　　13988450

校验码　4310142029185409　　　　　　　　　　　　开票日期：2019年12月08日

购买方	名　称：峰川机械厂 纳税人识别号：330306258866041 地址、电话：浙江省杭州市经济开发区滨海大道600号　0571-84230596 开户行及账号：建设银行开发区支行　6227302000000006688	密码区	67/*+3*0/611*++0/+0*/*+3+2/9 *11*+66666*066611*+66666* 1**+216***6000*261*2*4/*547 203994+-42*64151*6915361/3*

货物或应税劳务、服务名称	规格型号	单位	数量	单价	金额	税率	税额
*钻床		台	1	5 752.21	5 752.21	13%	747.79
合　计					¥5 752.21		¥747.79

价税合计（大写）	⊗陆仟伍佰元整	（小写）¥6 500.00

销售方	名　称：浙江皇冠家具有限责任公司 纳税人识别号：330123142933996 地址、电话：杭州市滨江高新技术开发区308号　0571-88900333 开户行及账号：建设银行滨江支行　6227181800000003399	备注

收款人：　　　　复核：　　　　开票人：张三　　　　销售方：（章）

原始凭证 14-1

中国建设银行
转账支票存根

附加信息

出票日期 2019年12月09日

收款人：上海证券交易公司
金　额：¥110 000.00
用　途：投资款

单位主管　　会计

原始凭证 14-2

存出投资款付款凭证

☑普通 □加急　　委托日期：2019 年 12 月 09 日

汇款人	全称	浙江皇冠家具有限责任公司	收款人	全称	上海证券交易公司
	账号	6227181800000003399		账号	6222733389764590561
	汇出地点	浙江省杭州市/县		汇入地点	省上海市/县
	汇出行名称	建设银行滨江支行		汇入行名称	建设银行高安路支行
金额	壹拾壹万元整				¥ 110000 00

票证安全码：
附加信息及用途：

中国建设银行滨江支行
2019.12.09
办讫
汇出行签章

复核：　　记账：

此联汇出行给汇款人的回单

原始凭证 15-1

成交过户交割凭单

股东编号：	A238784901	成交证券：	A 上市公司
电脑编号：	323121	成交数量：	10 000 股
公司代号：	D45	平均价格：	10
股东姓名：	浙江皇冠家具有限责任公司	成交金额：	94 000.00
申报时间：	2019-12-09	标准佣金：	2 500.00
成交时间：	2019-12-09	证户费用：	0
申请编号：	76728731	印花税：	0
上次余额：	0	附加费用：	150.00
本次成交：	10 000 股	应收金额：	6 000.00
本次库存：	10 000 股		
经办单位：		客户签章：	

原始凭证 15-2

存出投资款付款凭证

委托日期：2019年12月09日

汇款人	全称	浙江皇冠家具有限责任公司	收款人	全称	上海证券交易公司
	账号	6227181800000003399		账号	6222733389764590561
	汇出地点	浙江省 杭州 市/县		汇入地点	省 上海 市/县
	汇出行名称	建设银行滨江支行		汇入行名称	建设银行高安路支行
金额	贰仟陆佰伍拾元整				¥ 2 6 5 0 0 0
			票证安全码		
		汇出行签章	附加信息及用途：		
			复核：	记账：	

（中国建设银行滨江支行 2019.12.09 办讫）

原始凭证 15-3

3302985362

No 09837227

3302985362
09837227

校验码 6315468037271453

开票日期：2019年12月09日

购买方	名称	浙江皇冠家具有限责任公司	密码区	67/*+3*0/611*++0/+0*/*+3+2/9 *11*+66666**066611*+66666* 1**+216***6000*261*2*4/*547 203994+-42*64151*6915361/3*
	纳税人识别号	330123142933996		
	地址、电话	杭州市滨江高新技术开发区308号 0571-88900333		
	开户行及账号	建设银行滨江支行 6227181800000003399		

货物或应税劳务、服务名称	规格型号	单位	数量	单价	金额	税率	税额
*交易费			1	2 500.00	2 500.00	6%	150.00
合　计					¥ 2 500.00		¥ 150.00

价税合计（大写） ⊗ 贰仟陆佰伍拾元整　　　　（小写）¥ 2 650.00

销售方	名称	上海证券交易公司	备注	（上海证券交易公司 3302585305118 发票专用章）
	纳税人识别号	330258553055118		
	地址、电话	上海市普陀区天汇大厦3幢1024号 021-64287328		
	开户行及账号	建设银行高安路支行 6222733389764590561		

收款人：　　　　复核：　　　　开票人：谢东　　　　销售方：（章）

原始凭证 15-4

3302985362  增值税专用发票 No 09837227   3302985362
                                                               09837227

校验码 6315468037271453   开票日期:2019年12月09日

购买方	名称	浙江皇冠家具有限责任公司	密码区	67/*+3*0/611++0/0*/*+3+2/9 *11*+66666**066611*+66666 1**+216***6000*261*2*4/*547 203994+-42*64151*6915361/3*
	纳税人识别号	330123142933996		
	地址、电话	杭州市滨江高新技术开发区308号 0571-88900333		
	开户行及账号	建设银行滨江支行 6227181800000003399		

货物或应税劳务、服务名称	规格型号	单位	数量	单价	金额	税率	税额
*交易费			1	2 500.00	2 500.00	6%	150.00
合 计					¥2 500.00		¥150.00

价税合计(大写)	⊗ 贰仟陆佰伍拾元整	(小写) ¥2 650.00

销售方	名称	上海证券交易公司	备注	上海证券交易公司 330258553055118 发票专用章
	纳税人识别号	330258553055118		
	地址、电话	上海市普陀区天汇大厦3幢1024号 021-64287328		
	开户行及账号	建设银行高安路支行 6222733389764590561		

收款人: 复核: 开票人:谢东   销售方:(章)

原始凭证 15-5

存出投资款收款凭证

委托日期:2019年12月09日

汇款人	全称	浙江皇冠家具有限责任公司	收款人	全称	上海证券交易公司
	账号	6227181800000003399		账号	6222733389764590561
	汇出地点	浙江省杭州市/县		汇入地点	省上海市/县
	汇出行名称	建设银行滨江支行		汇入行名称	建设银行高安路支行

金额	壹拾万元整		亿千百十万千百十元角分
			¥ 1 0 0 0 0 0 0 0

中国建设银行滨江支行
2019.12.09
办讫

汇出行签章

票证安全码:

附加信息及用途:

复核: 记账:

原始凭证 16-1

1330310608

No 00162191

1330310608
00162191

校验码 6333176753124580　　　　　　　　　　　　　　　　　　开票日期：2019年12月09日

购买方	名　称	浙江皇冠家具有限责任公司							密码区	67/*+3*0/611*++0/+0*/*+3+2/9 *11*+66666**066611*+66666* 1**+216***6000*261*2*4/*547 203994+-42*64151*6915361/3*
	纳税人识别号	330123142933996								
	地址、电话	杭州市滨江高新技术开发区308号　0571-88900333								
	开户行及账号	建设银行滨江支行　6227181800000003399								
货物或应税劳务、服务名称	规格型号	单位	数量	单价	金额	税率	税额
*报刊杂志			1	623.85	623.85	9%	56.15
合　计					¥623.85		¥56.15
价税合计（大写）	⊗陆佰捌拾元整				（小写）¥680.00		
销售方	名　称	浙江日报				备注	
	纳税人识别号	330303427696031					
	地址、电话	浙江省杭州市下城区体育场路178号　0571-85310113					
	开户行及账号	建设银行下城区支行　6222021037681498233					

收款人：　　　　复核：　　　　开票人：刘洋　　　　销售方：（章）

原始凭证 16-2

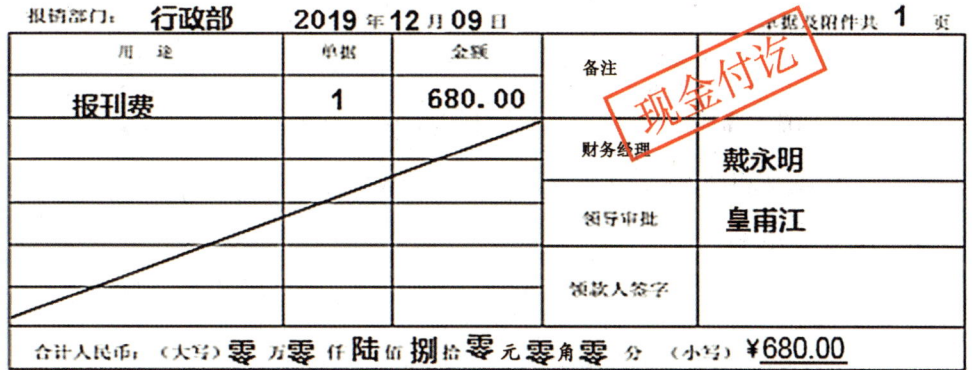

原始凭证 17-1

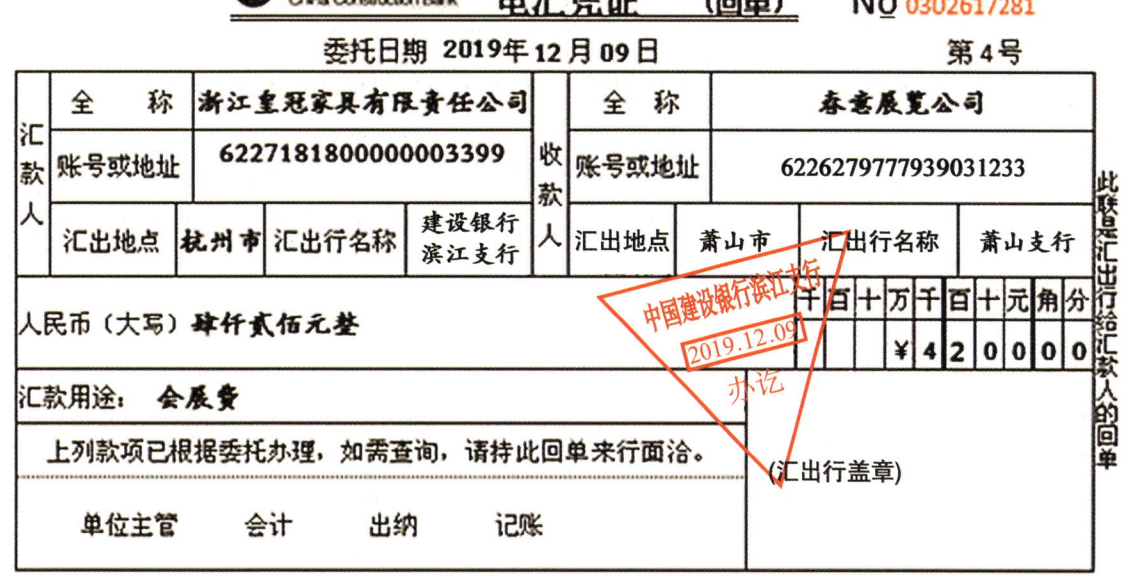

原始凭证 17-2

费用支出报销凭证

（原始凭证黏贴处）	付款方式：	现金
	日　　期：	2019 年 12 月 09 日
	原始凭证共计 7 张	
	金额合计（人民币大写金额）肆佰玖拾元整	
	（小写：¥490.00）	
	费用项目	
	开支理由及用途：	参加工业品展销会交通费与餐费等

批准： 皇南江　　会计： 段振华　　出纳： 何霞夜　　经手人： 于静

原始凭证 17-3

 8330310708 增值税专用发票 No 00062291   8330310708
   00062291

校验码 0680214054332158   开票日期：2019年12月09日

购买方	名称	浙江皇冠家具有限责任公司						密码区	67/*+3*0/611*++0/+0*/*+3+2/9 *11*+66666**066611*+66666* 1**+216***6000*261*2*4/*547 203994+-42*64151*6915361/3*	
	纳税人识别号	330123142933996								
	地址、电话	杭州市滨江高新技术开发区308号 0571-88900333								
	开户行及账号	建设银行滨江支行 6227181800000003399								

货物或应税劳务、服务名称	规格型号	单位	数量	单价	金额	税率	税额
*会展费			1	3 962.26	3 962.26	6%	237.74
合计					¥3 962.26		¥237.74

价税合计（大写） ⊗ 肆仟贰佰元整   （小写）¥4 200.00

销售方	名称	春意展览公司
	纳税人识别号	330805525176090
	地址、电话	浙江省萧山市航天大道1907号 0571-86236323
	开户行及账号	建设银行萧山支行 6226279777939031233

收款人：　　　复核：　　　开票人：王栋　　　销售方：（章）

原始凭证 17-4

 8330310708 增值税专用发票 No 00062291   8330310708
   00062291

校验码 0680214054332158   开票日期：2019年12月09日

购买方	名称	浙江皇冠家具有限责任公司						密码区	67/*+3*0/611*++0/+0*/*+3+2/9 *11*+66666**066611*+66666* 1**+216***6000*261*2*4/*547 203994+-42*64151*6915361/3*	
	纳税人识别号	330123142933996								
	地址、电话	杭州市滨江高新技术开发区308号 0571-88900333								
	开户行及账号	建设银行滨江支行 6227181800000003399								

货物或应税劳务、服务名称	规格型号	单位	数量	单价	金额	税率	税额
*会展费			1	3 962.26	3 962.26	6%	237.74
合计					¥3 962.26		¥237.74

价税合计（大写） ⊗ 肆仟贰佰元整   （小写）¥4 200.00

销售方	名称	春意展览公司
	纳税人识别号	330805525176090
	地址、电话	浙江省萧山市航天大道1907号 0571-86236323
	开户行及账号	建设银行萧山支行 6226279777939031233

收款人：　　　复核：　　　开票人：王栋　　　销售方：（章）

原始凭证 17-5

3332093212

No 34435633

3332093212
34435633

校验码　0360179024581243

开票日期：2019年12月09日

购买方	名称	浙江皇冠家具有限责任公司						
	纳税人识别号	330123142933996						
	地址、电话	杭州市滨江高新技术开发区308号　0571-88900333						
	开户行及账号	建设银行滨江支行　6227181800000003399						
货物或应税劳务、服务名称	规格型号	单位	数量	单价	金额	税率	税额
*生活服务*餐费			1	424.53	424.53	6%	25.47
合计					¥424.53		¥25.47
价税合计（大写）	⊗ 肆佰伍拾元整				（小写）¥450.00		
销售方	名称	甬上人家						
	纳税人识别号	893002321414490						
	地址、电话	浙江省萧山市解放南路89号　0571-86231323						
	开户行及账号	建设银行萧山支行　6223284329843254235						

收款人：　　　复核：　　　开票人：王菊　　　销售方：（章）

原始凭证 17-6

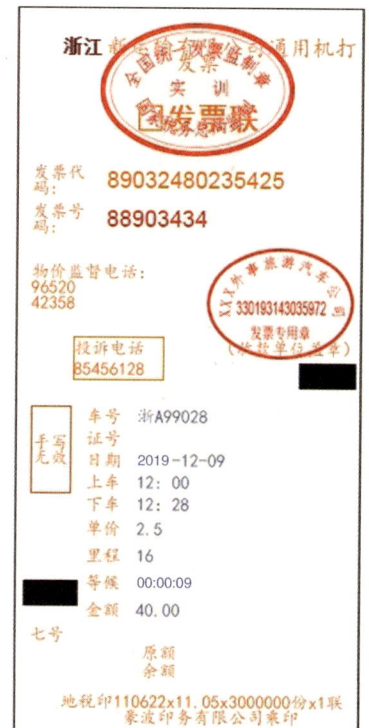

原始凭证 18-1

中国建设银行电子缴税付款凭证

转账日期：2019年12月09日　　　　　　　　　　　　　　　　凭证字号：01385269

纳税人全称及纳税人识别号：浙江皇冠家具有限责任公司330123142933996

付款人全称：浙江皇冠家具有限责任公司
付款人账号：6227181800000003399
付款人开户银行：中国建设银行滨江支行
小写（合计金额）：RMB16 390.00
大写（合计金额）：人民币壹万陆仟叁佰玖拾元整
税　费　税号：
税款属期：2019.11.01~2019.11.30

征收机关名称：国家税务总局杭州市税务局
收款国库（银行）名称：杭州市国库
缴款书交易流水号：20191209369191
税票号码：330011000820243509

税（费）种名称	实缴金额
增值税	16 390.00

第1次打印　　　　　　　　　　　　　　　　　　打印日期：2019-12-09

第二联作付款回单（无银行收讫章无效）　　　复核　　记账

（盖章：中国建设银行滨江支行 2019.12.09 办讫）

原始凭证 18-2

电子缴税付款凭证

征收机关：国家税务总局杭州市税务局　　　　　　转账日期：2019年12月10日

纳税人名称	浙江皇冠家具有限责任公司			
纳税人识别号	330123142933996	收款国库（银行）名称	滨江区支库	
付款人全称	浙江皇冠家具有限责任公司			
付款人账号	6227181800000003399	付款人开户银行	建设银行滨江支行	
税（费）种名称			税款所属期	实缴金额
城市维护建设税——大城市			2019.11.01~2019.11.30	1 147.30
教育费附加——教育费附加收入			2019.11.01~2019.11.30	491.70
医疗保险费——基本医疗保险费			2019.11.01~2019.11.30	5 288.85
失业保险费——企业缴纳			2019.11.01~2019.11.30	919.80
工伤保险费——企业单位缴纳			2019.11.01~2019.11.30	229.95
生育保险费——企业单位缴纳			2019.11.01~2019.11.30	367.92
养老保险费——企业缴纳			2019.11.01~2019.11.30	6 438.60
地方教育附加——地方教育附加			2019.11.01~2019.11.30	327.80
印花税——购销合同			2019.11.01~2019.11.30	1 170.00
金额合计（大写）壹万陆仟叁佰捌拾壹元玖角贰分			（小写）¥16 381.92	
本付款凭证与银行对账单付款记录一致方才有效			上述款项已扣缴，请与银行对账单核对一致	
征收机关（章）			扣款单位（章）	

打印密码：CRJSE-NGQIJ-ABCDE-OP5IK-VJICN-KTGHJ-ABIDH-IG50P

打印日期：2019 年 12 月 10 日

原始凭证 18-3

电子缴税付款凭证

征收机关：国家税务总局杭州市税务局　　　　　转账日期：2019 年 12 月 10 日

纳税人名称	浙江皇冠家具有限责任公司		
纳税人识别号	330123142933996	收款国库（银行）名称	滨江区支库
付款人全称	浙江皇冠家具有限责任公司		
付款人账号	6227181800000003399	付款人开户银行	建设银行杭州滨江支行
税（费）种名称		税款所属期	实缴金额
医疗保险费——职工缴纳基本医疗保险		2019.11.01～2019.11.30	1 571.10
养老保险费——企业职工缴纳		2019.11.01～2019.11.30	5 804.70
失业保险费——职工缴纳		2019.11.01～2019.11.30	362.70
金额合计（大写）柒仟柒佰叁拾捌元伍角零		（小写）¥7 738.50	
本付款凭证与银行对账单付款记录一致方才有效		上述款项已扣缴，请与银行对账单核对一致	
征收机关（章）		扣款单位（章）	

打印密码：KFTLM-UGJIJ-ABCPQ-04NUJ-DBIJE-IGKIM-ABC4N-6MTUJ-ABCDE-FGHIJ-AHCGK-F1Q1

打印日期：2019 年 12 月 10 日

原始凭证19

中国建设银行电子缴税付款凭证

转账日期：2019-12-10　　　　　　　　　　　　　　　　　　凭证字号：3300

纳税人全称及纳税人识别号：浙江皇冠家具有限责任公司330123142933996

付款人全称：浙江皇冠家具有限责任公司	征收机关名称：国家税务总局杭州市税务局
付款人账号：6227181800000003399	收款国库(银行)名称：杭州市国库
付款人开户银行：建设银行滨江支行	缴款书交易流水号：131487945438900086
小写(合计金额)：¥4 150.00	税票号码：55678944556009
大写(合计金额)：肆仟壹佰伍拾元整	

税费税号：3093892748127384234
税款属期：2019.11.01~2019.11.30

税(费)种名称	实缴金额
房产税	2 100.00
车船税	1 600.00
城镇土地使用税	450.00

（盖章：中国建设银行滨江支行 2019.12.10 办讫）

第1次打印　　　　　　　　　　　打印日期：2019-12-10

第二联付款回单(无银行收讫章无效)　　复核　　记账

原始凭证20

存出投资款收款凭证

委托日期：2019 年12 月10 日

汇款人	全称	A上市公司	收款人	全称	上海证券交易公司
	账号	6226376377832748844		账号	6222733389764590561
	汇出地点	浙江省 杭州市/县		汇入地点	省 上海市/县
	汇出行名称	建设银行滨江支行		汇入行名称	建设银行高安路支行

金额：陆仟元整　　　　￥6 000.00

（盖章：中国建设银行滨江支行 2019.12.10 办讫）

票证安全码：
附加信息及用途：

复核：　　记账：

原始凭证 21-1

出 库 单 No 34223123

2019 年 12 月 11 日

会计部门编号
仓库部门编号

编号	名称	规格	单位	出库数量	单价	金额	备注
1	实木床		张	450			
	合 计						

生产车间或部门：　　　　　　　　　　仓库管理员：曾燕琼

第二联 交财务部

原始凭证 21-2

 1300053140　　增值税专用发票　　No 00995708　　1300053140
00995708

校验码　0678231045151767　　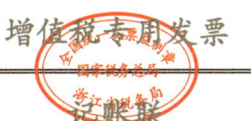　　开票日期：2019年12月11日

购买方	名　称：	伟东商场				
	纳税人识别号：330382718320523					
	地址、电话：乐清市白象镇白象大道2-1号　0577-62998819					
	开户行及账号：建设银行白象支行　6227282209045766609					

密码区：
67/*+3*0/611**+0/+0*/*+3+2/9
11+66666**066611*+66666*
1**+216***6000*261*2*4/*547
203994+-42*64151*6915361/3*

货物或应税劳务、服务名称	规格型号	单位	数量	单价	金额	税率	税额
*实木床		张	450	3 100.00	1 395 000.00	13%	181 350.00
合　计					¥ 1 395 000.00		¥ 181 350.00

价税合计（大写）　　◯ 壹佰伍拾柒万陆仟叁佰伍拾元整　　　　　　（小写）¥ 1 576 350.00

销售方	名　称：	浙江皇冠家具有限责任公司	备
	纳税人识别号：330123142933996		注
	地址、电话：杭州市滨江高新技术开发区308号　0571-88900333		
	开户行及账号：建设银行滨江支行　6227181800000003399		

收款人：　　　　复核：　　　　开票人：段振华　　　销售方：（章）

原始凭证 22-1

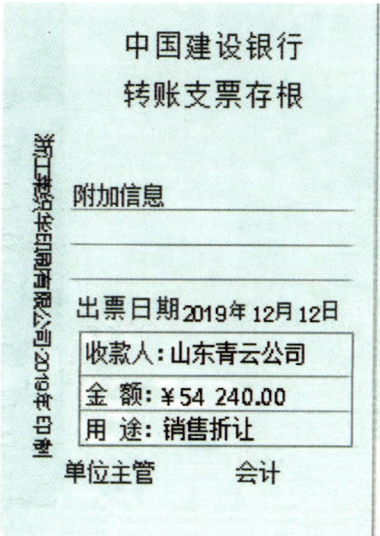

中国建设银行
转账支票存根

附加信息

出票日期 2019年12月12日
收款人：山东青云公司
金　额：¥54 240.00
用　途：销售折让

单位主管　　　会计

原始凭证 22-2

1300053140
负数

校验码 0210241033952148

增值税专用发票

记账联

No 00995734

1300053140
00995734

开票日期：2019年12月12日

			名　称	山东青云公司			密码区	67/*+3*0/611*++0/+0*/*+3+2/9
购买方			纳税人识别号	1427060292244015				*11*+66666**066611*+66666*
			地址、电话	运城市运万路幸福庄　0359-2020505				1**+216***6000*261*2*4/*547
			开户行及账号	建设银行北城支行　6223826366638127286				203994+-42*64151*6915361/3*

货物或应税劳务、服务名称	规格型号	单位	数量	单价	金额	税率	税额
实木床		张	-300	160.00	-48 000.00	13%	-6 240.00
合　计					¥-48 000.00		¥-6 240.00

价税合计(大写)	⊗伍万肆仟贰佰肆拾元整	(小写)¥-54 240.00

	名　称	浙江皇冠家具有限责任公司	备注
销售方	纳税人识别号	330123142933996	
	地址、电话	杭州市滨江高新技术开发区308号　0571-88900333	
	开户行及账号	建设银行滨江支行　6227181800000003399	

收款人：　　　复核：　　　开票人：段振华　　　销售方：(章)

原始凭证 23-1

中国建设银行 进账单 （收账通知）

1
2019 年 12 月 13 日　　第 010 号

出票人	全称	文海商场	持票人	全称	浙江皇冠家具有限责任公司
	账号	6227282209045766600		账号	6227181800000003399
	开户银行	建设银行宁海支行		开户银行	建设银行滨江支行

人民币（大写）陆拾肆万伍仟捌佰元整	千百十万千百十元角分
	¥645800 00

票据种类	支票
票据张数	1

单位主管：　会计：　复核：　记账：　　持票人开户银行盖章

（中国建设银行滨江支行 2019.12.13 办讫）

此联是持票人开户银行交给持票人的收款通知

原始凭证 23-2

出 库 单　　No 00258080

会计部门编号
仓库部门编号　　2019 年 12 月 13 日

编号	名称	规格	单位	出库数量	单价	金额	备注
1	办公桌		张	200			
	合 计						

生产车间或部门：　　　　仓库管理员：曾燕琼

第二联 交财务部

原始凭证 23-3

1300053140

No 00096808　　1300053140
　　　　　　　　　00096808

校验码　0333690080101092　　　　　　　　　　　　　开票日期：2019年12月13日

购买方	名　　称：文海商场
	纳税人识别号：330382781839272
	地址、电话：宁海市南白象真上海路2-1号　0574-75981324
	开户行及账号：建设银行宁海支行　6227282209045766600

密码区：
67/*+3*0/611*++0/+0*/*+3+2/9
11+66666**066611*+66666*
1**+216***6000*261*2*4/*547
203994+-42*64151*6915361/3*

货物或应税劳务、服务名称	规格型号	单位	数量	单价	金额	税率	税额
*办公桌		张	200	3 300.00	660 000.00	13%	85 800.00
合　计					¥ 660 000.00		¥ 85 800.00

价税合计（大写）　⊗柒拾肆万伍仟捌佰元整　　　　　　　　　（小写）¥ 745 800.00

销售方	名　　称：浙江皇冠家具有限责任公司	备注
	纳税人识别号：330123142933996	
	地址、电话：杭州市滨江高新技术开发区308号　0571-88900333	
	开户行及账号：建设银行滨江支行　6227181800000003399	

收款人：　　　　复核：　　　　开票人：段振华　　　　销售方：（章）

原始凭证 24-1

固定资产验收单

2019 年 12 月 13 日　　　　　　编号：137

名称	规格型号	来源	数量	购（造）价	使用年限	残值率
机床	K-100	购买	1	315 861.13	10年	5%
安装费	月折旧率	建造单位	交工日期		附件	
0	0.79%	汉通设备厂	2019.12.13		无	
验收部门	设备科	孟星杰		管理处	岳静	
备注：						

原始凭证 24-2

中国建设银行 电汇凭证 （回单） No 0302628281

委托日期 2019年12月13日 第5号

汇款人	全称	浙江皇冠家具有限责任公司	收款人	全称	汉通设备厂
	账号或地址	6227181800000003399		账号或地址	6227162756405688888
	汇出地点	杭州市	汇出行名称	建设银行滨江支行	汇出地点	宁海市	汇出行名称	建设银行宁海支行

人民币（大写）叁拾伍万陆仟玖佰贰拾叁元零捌分　￥356923.08

汇款用途：设备款

上列款项已根据委托办理，如需查询，请持此回单来行面洽。

（汇出行盖章）

单位主管　会计　出纳　记账

此联是汇出行给汇款人的回单

原始凭证 24-3

 3309092801

 增值税普通发票 抵扣联

No 00096808　3309092801　00096808

校验码 3213361991582176　　开票日期：2019年12月13日

购买方	名称	浙江皇冠家具有限责任公司	密码区	67/*+3*0/611**+0/0*/*+3+2/9 *11*+66666**066611*+66666 1**+216**6000*261*2*4/*547 203994+-42*64151*6915361/3*
	纳税人识别号	330123142933996		
	地址、电话	杭州市滨江高新技术开发区308号 0571-88900333		
	开户行及账号	建设银行滨江支行 6227181800000003399		

货物或应税劳务、服务名称	规格型号	单位	数量	单价	金额	税率	税额
*交通运输*运输费			1	3 780.00	3 780.00	9%	340.20
合　计					￥3 780.00		￥340.20

价税合计（大写）　⊗ 肆仟壹佰贰拾元贰角整　　（小写）￥4 120.20

销售方	名称	龙翔物流	备注	（龙翔物流 345897512465821 发票专用章）
	纳税人识别号	345897512465821		
	地址、电话	浙江省杭州市下沙经济开发区1209号 0571-87665421		
	开户行及账号	建设银行下沙支行 6288873339092347548		

收款人：　　　复核：　　　开票人：刘玲　　　销售方：

原始凭证 24-4

3309092801

增值税专用发票
发票联

No 00096808

3309092801
00096808

校验码 3213361991582176

开票日期:2019年12月13日

购买方	名　　称:	浙江皇冠家具有限责任公司							
	纳税人识别号:	330123142933996							
	地址、电话:	杭州市滨江高新技术开发区308号　0571-88900333							
	开户行及账号:	建设银行滨江支行　6227181800000003399							

密码区：67/*+3*0/611*+0/+0*/*+3+2/9
11+66666**066611*+66666*
1**+216***6000*261*2*4/*547
203994+-42*64151*6915361/3*

货物或应税劳务、服务名称	规格型号	单位	数量	单价	金额	税率	税额
*交通运输*运输费			1	3 780	3 780.00	9%	340.20
合　计					¥ 3 780.00		¥ 340.20

价税合计(大写)　⊗肆仟壹佰贰拾贰元贰角整　(小写) ¥ 4 120.20

销售方	名　　称:	龙翔物流
	纳税人识别号:	345897512465821
	地址、电话:	浙江省杭州市下沙区经济开发区1209号　0571-87665421
	开户行及账号:	建设银行下沙支行　6288873339092347548

备注：龙翔物流 345897512465821 发票专用章

收款人：　　　　复核：　　　　开票人：刘玲　　　　销售方：(章)

原始凭证 24-5

3300103240

增值税专用发票
发票联

No 13988438

3300103240
13988438

校验码 6217245822601763

开票日期:2019年12月08日

购买方	名　　称:	浙江皇冠家具有限责任公司
	纳税人识别号:	330123142933996
	地址、电话:	杭州市滨江高新技术开发区308号　0571-88900333
	开户行及账号:	建设银行滨江支行　6227181800000003399

密码区：67/*+3*0/611*+0/+0*/*+3+2/9
11+66666**066611*+66666*
1**+216***6000*261*2*4/*547
203994+-42*64151*6915361/3*

货物或应税劳务、服务名称	规格型号	单位	数量	单价	金额	税率	税额
*机床	K-100	台	1	315 861.13	315 861.13	13%	41 061.95
合　计					¥ 315 861.13		¥ 41 061.95

价税合计(大写)　⊗叁拾伍万陆仟玖佰贰拾叁元零捌分　(小写) ¥ 356 923.08

销售方	名　　称:	汉通设备厂
	纳税人识别号:	330305145566037
	地址、电话:	浙江省宁海市滨海四道518号　0574-66909991
	开户行及账号:	建设银行宁海支行　6222068010100686809

备注：汉通设备厂 330305145566037 发票专用章

收款人：　　　　复核：　　　　开票人：吴婷　　　　销售方：(章)

原始凭证 24-6

3300103240

No 13988438   3300103240
                13988438

校验码 6217245822601763   开票日期:2019年12月08日

购买方	名称	浙江皇冠家具有限责任公司				密码区	67/*+3*0/611*++0/+0*/*+3+2/9 *11*+66666**066611*+66666* 1**+216***6000*261*2*4/*547 203994+-42*64151*6915361/3*		
	纳税人识别号	330123142933996							
	地址、电话	杭州市滨江高新技术开发区308号 0571-88900333							
	开户行及账号	建设银行滨江支行 6227181800000003399							

货物或应税劳务、服务名称	规格型号	单位	数量	单价	金额	税率	税额
*机床	K-100	台	1	315 861.13	315 861.13	13%	41 061.95
合计					¥315 861.13		¥41 061.95

价税合计(大写) ⊗ 叁拾伍万陆仟玖佰贰拾贰元零捌分   (小写)¥356 923.08

销售方	名称	汉通设备厂	备注	汉通设备厂 330305145566037 发票专用章
	纳税人识别号	330305145566037		
	地址、电话	浙江省宁海市滨海四道518号 0574-66909991		
	开户行及账号	建设银行宁海支行 6222068010100686809		

收款人: 复核: 开票人:吴婷   销售方:(章)

原始凭证 25

入 库 单   No 00980652

送货厂商:
物料类别: □原材料 □成品 □其他   2019年 12月 14日

品名/牌号	订单号	规格	数量	单位	单价	金额
实木地板			200	张		

主管: 品管: 仓库:曾燕琼   送货人:

原始凭证 26

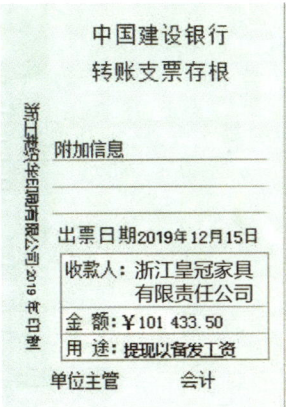

中国建设银行
转账支票存根

附加信息

出票日期2019年12月15日
收款人:浙江皇冠家具有限责任公司
金额:¥101 433.50
用途:提现以备发工资
单位主管   会计

原始凭证 27

浙江皇冠家具有限责任公司 11 月工资发放表

现金付讫

工号	所属部门	姓名	基本工资	通讯补贴	应发工资	应扣合计			代扣税款	实发工资	收款人签字
						医疗保险	养老保险	失业保险			
1	行政部	皇甫江	6 000.00	0.00	6 000.00	52.37	193.49	12.09	22.26	5 719.79	1
2		戴永明	5 300.00	0.00	5 300.00	52.37	193.49	12.09	1.26	5 040.79	2
3		殷振华	4 500.00	0.00	4 500.00	52.37	193.49	12.09	0.00	4 242.05	3
4		何樱夜	3 800.00	0.00	3 800.00	52.37	193.49	12.09	0.00	3 542.05	4
5		昝燕琼	3 450.00	0.00	3 450.00	52.37	193.49	12.09	0.00	3 192.05	5
6	销售部	陈笑笑	4 000.00	0.00	4 000.00	52.37	193.49	12.09	0.00	3 742.05	6
7		吴靓	3 900.00	0.00	3 900.00	52.37	193.49	12.09	0.00	3 642.05	7
8	车间管理部门	宁伟	3 600.00	0.00	3 600.00	52.37	193.49	12.09	0.00	3 342.05	8
9		郝丽丽	3 700.00	0.00	3 700.00	52.37	193.49	12.09	0.00	3 442.05	9
10	生产部	汤晓丽	3 600.00	0.00	3 600.00	52.37	193.49	12.09	0.00	3 342.05	10
11		张晶晶	3 410.00	0.00	3 410.00	52.37	193.49	12.09	0.00	3 152.05	11
12		李和平	3 410.00	0.00	3 410.00	52.37	193.49	12.09	0.00	3 152.05	12
13		冯志满	3 410.00	0.00	3 410.00	52.37	193.49	12.09	0.00	3 152.05	13
14		张晓娥	3 400.00	0.00	3 400.00	52.37	193.49	12.09	0.00	3 142.05	14
15		邓坤	3 400.00	0.00	3 400.00	52.37	193.49	12.09	0.00	3 142.05	15
16		磷化	3 400.00	0.00	3 400.00	52.37	193.49	12.09	0.00	3 142.05	16
17		朱海燕	3 400.00	0.00	3 400.00	52.37	193.49	12.09	0.00	3 142.05	17
18		宋军	3 400.00	0.00	3 400.00	52.37	193.49	12.09	0.00	3 142.05	18
19		林明	3 400.00	0.00	3 400.00	52.37	193.49	12.09	0.00	3 142.05	19
20		李小兰	3 380.00	0.00	3 380.00	52.37	193.49	12.09	0.00	3 122.05	20
21		李七星	3 380.00	0.00	3 380.00	52.37	193.49	12.09	0.00	3 122.05	21
22		林小龙	3 380.00	0.00	3 380.00	52.37	193.49	12.09	0.00	3 122.05	22
23		范书徐	3 380.00	0.00	3 380.00	52.37	193.49	12.09	0.00	3 122.05	23
24		李月	3 380.00	0.00	3 380.00	52.37	193.49	12.09	0.00	3 122.05	24
25		黄婷婷	3 380.00	0.00	3 380.00	52.37	193.49	12.09	0.00	3 122.05	25
26		李瑶方	3 370.00	0.00	3 370.00	52.37	193.49	12.09	0.00	3 112.05	26
27		陈胜	3 350.00	0.00	3 350.00	52.37	193.49	12.09	0.00	3 092.05	27
28		陈耀华	3 350.00	0.00	3 350.00	52.37	193.49	12.09	0.00	3 092.05	28
29		顾丽芳	3 320.00	0.00	3 320.00	52.37	193.49	12.09	0.00	3 062.05	29
30		于多多	3 320.00	0.00	3 320.00	52.37	193.49	12.09	0.00	3 062.05	30
	合计		109 470.00	0.00	109 470.00	1 571.10	5 804.70	362.70	23.52	101 707.98	

会计　　　　　　　　　复核　　　　　　　　　出纳

原始凭证 28

电子缴税付款凭证

征收机关：国家税务总局杭州市税务局		转账日期：2019 年 12 月 15 日	
纳税人名称	浙江皇冠家具有限责任公司		
纳税人识别号	330123142933996	收款国库（银行）名称	滨江区支库
付款人全称	浙江皇冠家具有限责任公司		
付款人账号	6227181800000003399	付款人开户银行	建设银行滨江支行
税（费）种名称		税款所属期	实缴金额
个人所得税（代扣代缴）		2019.11.01~2019.11.30	23.52
金额合计（大写）：贰拾叁元伍角贰分			（小写）¥ 23.52
本付款凭证与银行对账单付款记录一致方才有效		上述款项已扣缴，请与银行对账单核对一致	
征收机关（章）		扣款单位（章）	

打印密码：KFTLM-UGJIJ-ABCPQ-04NUJ-DBIJE-IGKIM-ABC4N-6MTUJ-AE　　　打印日期：2019-12-15

原始凭证 29-1

2330011211

增值税专用发票　　No 07340770　　230011211 / 07340770

抵扣联

校验码　8766172453164870　　　　　　　　　　　　开票日期：2019年12月15日

购买方	名　称：	浙江皇冠家具有限责任公司					密码区	67/*+3*0/611*++0*/+*3+2/9 *11*+66666**066611*+66666* 1**+216**6000*261*2*4/*547 203994+-42*64151*6915361/3*
	纳税人识别号	330123142933996						
	地址、电话	杭州市滨江高新技术开发区308号　0571-88900333						
	开户行及账号	建设银行滨江支行　6227181800000003399						

货物或应税劳务、服务名称	规格型号	单位	数量	单价	金额	税率	税额
*劳务*汽车修理费			1	415.93	415.93	13%	54.07
合　计					¥415.93		¥54.07
价税合计（大写）	⊗ 肆佰柒拾元整				¥470.00		

销售方	名　称：	广发汽修公司		备注	
	纳税人识别号	512331969012658			
	地址、电话	浙江省杭州市滨江解放路238号　0571-82631623			
	开户行及账号	建设银行滨江支行　6278379972736429974			

收款人：　　　　　　复核：　　　　　　开票人：张三　　　　　　销售方：（章）

原始凭证 29-2

2330011211

№07340770

2330011211
07340770

校验码 8766172453164870

开票日期：2019年12月15日

购买方	名　　称	浙江皇冠家具有限责任公司	密码区	67/*+3*0/611*++0/+0*/*+3+2/9 *11*+66666**066611*+66666* 1**+216***6000*261*2*4/*547 203994+-42*64151*6915361/3*
	纳税人识别号	330123142933996		
	地址、电话	杭州市滨江高新技术开发区308号 0571-88900333		
	开户行及账号	建设银行滨江支行 6227181800000003399		

货物或应税劳务、服务名称	规格型号	单位	数量	单价	金额	税率	税额
*劳务*汽车修理费			1	415.93	415.93	13%	54.07
合　计					¥415.93		¥54.07

价税合计（大写）	⊗ 肆佰柒拾元整		¥470.00

销售方	名　　称	广发汽修公司	备注	（发票专用章） 5123319669012658
	纳税人识别号	512331969012658		
	地址、电话	浙江省杭州市滨江区解放路238号 0571-82631623		
	开户行及账号	建设银行滨江支行 6778379972736429974		

收款人： 复核： 开票人：张三 销售方：（章）

原始凭证 29-3

报 销 单

报销部门：行政部　　　2019 年 12 月 15 日　　　单据及附件共 1 页

用　途	单据	金额	备注	现金付讫
汽车修理费	1张	470.00		
			财务经理	戴永明
			领导审批	皇甫江
		¥470.00	领款人签字	张 芳

合计人民币：（大写）零万 零仟肆佰 柒拾 零元 零角 零分　（小写）¥ 470.00

原始凭证 30-1

入 库 单　No 00257867

送货厂商：宁波北仑涂料厂
物料类别：☐ 原材料　☐ 成品　☐ 其他　　　2019年12月15日

品名/牌号	订单号	规格	数量	单位	单价	金额
木材			1 550	立方米		

主管：　　　　品管：　　　　仓库：曾燕琼　　　送货人：

第二联 交财务部

原始凭证 30-2

中国建设银行 电汇凭证 （回单）　No 0302628291

委托日期 2019年12月15日　　　第 7 号

汇款人	全称	浙江皇冠家具有限责任公司	收款人	全称	光明木材厂
	账号或地址	6227181800000003399		账号或地址	6227162756405000331
	汇出地点	杭州市 汇出行名称 建设银行滨江支行		汇出地点	乐清市 汇出行名称 建设银行虹桥支行

人民币（大写）叁拾伍万零叁佰元整　　　￥ 3 5 0 3 0 0 0 0

汇款用途：货款

上列款项已根据委托办理，如需查询，请持此回单来行面洽

（汇出行盖章）中国建设银行滨江支行 2019.12.15 办讫

单位主管　　会计　　出纳　　记账

此联是汇出行给汇款人的回单

原始凭证 30-3

浙江增值税专用发票 No13988448

3300102140　13988448

校验码 0358241017691327　　开票日期：2019年12月15日

购买方	名称：浙江皇冠家具有限责任公司 纳税人识别号：330123142933996 地址、电话：杭州市滨江高新技术开发区308号　0571-88900333 开户行及账号：建设银行滨江支行　6227181800000003399	密码区	67/*+3*0/611*++0/+0*/*+3+2/9 *11*+66666**066611*+66666 1**+216***6000*261*2*4/*547 203994+-42*64151*6915361/3*

货物或应税劳务、服务名称	规格型号	单位	数量	单价	金额	税率	税额
木材		立方米	1 550	200.00	310 000.00	13%	40 300.00
合计					¥310 000.00		¥40 300.00

价税合计（大写）　⊗叁拾伍万零叁佰元整　　（小写）¥350 300.00

销售方	名称：光明木材厂 纳税人识别号：330323141324556 地址、电话：浙江省乐清市虹桥镇北三村68号　0577-62861120 开户行及账号：建设银行虹桥支行　6227162756405000331

收款人：　　　复核：　　　开票人：陈思　　　销售方：（章）

原始凭证 30-4

浙江增值税专用发票 No13988448

3300102140　13988448

校验码 0358241017691327　　开票日期：2019年12月15日

购买方	名称：浙江皇冠家具有限责任公司 纳税人识别号：330123142933996 地址、电话：杭州市滨江高新技术开发区308号　0571-88900333 开户行及账号：建设银行滨江支行　6227181800000003399	密码区	67/*+3*0/611*++0/+0*/*+3+2/9 *11*+66666**066611*+66666 1**+216***6000*261*2*4/*547 203994+-42*64151*6915361/3*

货物或应税劳务、服务名称	规格型号	单位	数量	单价	金额	税率	税额
木材		立方米	1 550	200.00	310 000.00	13%	40 300.00
合计					¥310 000.00		¥40 300.00

价税合计（大写）　⊗叁拾伍万零叁佰元整　　（小写）¥350 300.00

销售方	名称：光明木材厂 纳税人识别号：330323141324556 地址、电话：浙江省乐清市虹桥镇北三村68号　0577-62861120 开户行及账号：建设银行虹桥支行　6227162756405000331

收款人：　　　复核：　　　开票人：陈思　　　销售方：（章）

原始凭证 31

中国建设银行 贴现凭证（收款通知）

编号 9503

申请日期 2019 年 12 月 15 日

贴现汇票	种类	商业承兑汇票	号码	4374	持票人	名称	浙江皇冠家具有限责任公司
	出票日	2019年11月01日				账号	6227181800000003399
	到期日	2020年02月01日				开户银行	建设银行滨江支行
汇票承兑人名称		万方公司	账号	6227368846318867361		开户银行	建设银行宁波分行

汇票金额 人民币（大写）伍拾捌万伍仟元整 ￥585000.00

贴现率（月）7.5%　贴现利息 ￥7020.00　实付财现金额 ￥577980.00

持票人签章：　　小贷公司审核　负责人：　经办：　记账：　复核：

原始凭证 32-1

中国建设银行 电汇凭证（回单）1

☑普通 □加急　委托日期：2019 年 12 月 16 日

汇款人	名称	台州天顶装饰有限公司	收款人	名称	浙江皇冠家具有限责任公司
	账号	6222678298137929734		账号	6227181800000003399
	汇出地点	浙江省台州市/县		汇入地点	浙江省杭州市/县
	汇出行名称	建设银行路桥支行		汇入行名称	建设银行滨江支行
金额	壹佰玖拾捌万捌仟捌佰元整				￥1988800.00

票证安全码：
附加信息及用途：
汇出行签章
复核：　记账：

此联汇出行给汇款人的回单

原始凭证 32-2

出 库 单   No 89009321

会计部门编号
仓库部门编号
2019 年 12 月 16 日

编号	名称	规格	单位	出库数量	单价	金额	备注
1	实木地板		张	200			
	合 计						

生产车间或部门：　　　　　　　　　　仓库管理员：曾燕琼

第二联 交财务部

原始凭证 32-3

1300053140

增值税专用发票   No 00937478   1300053140
                                        00937478

校验码 0310451054881367   此联不作报销、扣税凭证使用   开票日期：2019年12月16日

购买方	名　　称	台州天顶装饰有限公司				密码区	67/*+3*0/611*+0/+0*/*+3+2/9 *11++66666**066611*+66666* 1**+216***6000*261*2*4/*547 203994+-42*64151*6915361/3*
	纳税人识别号	339029203902930					
	地址、电话	台州市路桥区天宫北路899号　0576-86435241					
	开户行及账号	建设银行路桥支行　6222678298137929734					

货物或应税劳务、服务名称	规格型号	单位	数量	单价	金额	税率	税额
*实木地板		张	200	8 800.00	1 760 000.00	13%	228 800.00
合　计					¥1 760 000.00		¥228 800.00

价税合计（大写）　⊗壹佰玖拾捌万捌仟捌佰元整　　（小写）¥1 988 800.00

销售方	名　　称	浙江皇冠家具有限责任公司	备注
	纳税人识别号	330123142933996	
	地址、电话	杭州市滨江高新技术开发区308号　0571-88900333	
	开户行及账号	建设银行滨江支行　6227181800000003399	

收款人：　　　　复核：　　　　开票人：张三　　　　销售方：（章）

第一联：记账联 销售方记账凭证

原始凭证 33-1

中国建设银行 China Construction Bank 电汇凭证 （回单） No 0302629291

委托日期 2019 年 12 月 16 日　　　　第 8 号

汇款人	全 称	浙江皇冠家具有限责任公司	收款人	全 称	广发货运公司
	账号或地址	6227181800000003399		账号或地址	6227379972736429974
	汇出地点	杭州市	汇出行名称	建行滨江支行	汇出地点	杭州市	汇出行名称	建设银行滨江支行

人民币（大写）壹万零玖佰元整　　　　　千百十万千百十元角分
　　　　　　　　　　　　　　　　　　　　　　　1 0 9 0 0 0 0

汇款用途：运输费

上列款项已根据委托办理，如需查询，请持此回单来行面洽。

单位主管　　会计　　出纳　　记账　　　　　　（汇出行盖章）

此系是汇出行给汇款人的回单

原始凭证 33-2

　3300102450　 增值税专用发票　No 00097709　3300102450
　　　　　　　　　　　　　　　　　　抵扣联　　　　　　　　　　00097709

校验码　0680268053134618　　　　　　　　　　　　开票日期：2019年12月16日

购买方	名　称	浙江皇冠家具有限责任公司	密码区	67/*+3*0/611*++0/+0*/*+3+2/9 *11*+66666**066611*+66666 1**+216**6000*261*2*4/*547 203994+-42*64151*6915361/3*
	纳税人识别号	330123142933996		
	地址、电话	杭州市滨江高新技术开发区308号　0571-88900333		
	开户行及账号	建设银行滨江支行　6227181800000003399		

货物或应税劳务、服务名称	规格型号	单位	数量	单价	金额	税率	税额
*运杂费			1	10 000.00	10 000.00	9%	900.00
合　计					¥10 000.00		¥900.00

价税合计（大写）　⊗壹万零玖佰元整　　　　　　　（小写）¥10 900.00

销售方	名　称	广发货运公司	备注	
	纳税人识别号	512331969012658		
	地址、电话	浙江省杭州市滨江区解放路238号　0571-86236323		
	开户行及账号	建设银行滨江支行　6227379972736429974		

收款人：　　　复核：　　　开票人：张三　　　销售方：（章）

原始凭证 33-3

3300102450  No 00097709   3300102450
                                                00097709

校验码 0680268053134618   开票日期:2019年12月16日

购买方	名称	浙江皇冠家具有限责任公司					密码区	67/*+3*0/611*++0/+0*/*+3+2/9 *11*+66666**066611*+66666* 1**+216***6000*261*2*4/*547 203994+-42*64151*6915361/3*
	纳税人识别号	330123142933996						
	地址、电话	杭州市滨江高新技术开发区308号 0571-88900333						
	开户行及账号	建设银行滨江支行 6227181800000003399						
货物或应税劳务、服务名称	规格型号	单位	数量	单价	金额	税率	税额
*运杂费			1	10 000.00	10 000.00	9%	900.00
合计					¥10 000.00		¥900.00
价税合计（大写）	⊗ 壹万零玖佰元整				（小写）¥10 900.00		
销售方	名称	广发货运公司			备注		
	纳税人识别号	512331969012658					
	地址、电话	浙江省杭州市滨江区解放路238号 0571-86236323					
	开户行及账号	建设银行滨江支行 6227379972736429974					
收款人：	复核：	开票人：张三			销售方：（章）		

原始凭证 34-1

原始凭证 34-2

3300980521　　　　No 18989548　　3300980521
　　　　　　　　　　　　　　　　　　　　　　　　　　　　　　18989548

校验码　0990301010112011　　　　　　　　　　　　　开票日期：2019年12月15日

购买方	名　　称	浙江皇冠家具有限责任公司				密码区	67/*+3*0/611*++0/+0*/*+3+2/9 *11*+66666**066611*+66666* 1**+216***6000*261*2*4/*547 203994+-42*64151*6915361/3*			
	纳税人识别号	330123142933996								
	地址、电话	杭州市滨江高新技术开发区308号　0571-88900333								
	开户行及账号	建设银行滨江支行　6227181800000003399								
货物或应税劳务、服务名称		规格型号	单位	数量	单价		金额		税率	税额
*生产专利				1	135 000.00		135 000.00		6%	8 100.00
合　　计							¥135 000.00			¥8 100.00
价税合计（大写）		⊗壹拾肆万叁仟壹佰元整						（小写）¥143 100.00		
销售方	名　　称	宝莱公司				备注	330303781831797 发票专用章			
	纳税人识别号	330303781831797								
	地址、电话	温州市桂园路6号　0577-88557777								
	开户行及账号	建设银行桂园分行　6227110120100102669								

收款人：　　　　复核：　　　　开票人：吴可可　　　　销售方：（章）

原始凭证 34-3

3300980521　　　　No 18989548　　3300980521
　　　　　　　　　　　　　　　　　　　　　　　　　　　　　　18989548

校验码　0990301010112011　　　　　　　　　　　　　开票日期：2019年12月15日

购买方	名　　称	浙江皇冠家具有限责任公司				密码区	67/*+3*0/611*++0/+0*/*+3+2/9 *11*+66666**066611*+66666* 1**+216***6000*261*2*4/*547 203994+-42*64151*6915361/3*			
	纳税人识别号	330123142933996								
	地址、电话	杭州市滨江高新技术开发区308号　0571-88900333								
	开户行及账号	建设银行滨江支行　6227181800000003399								
货物或应税劳务、服务名称		规格型号	单位	数量	单价		金额		税率	税额
*生产专利				1	135 000.00		135 000.00		6%	8 100.00
合　　计							¥135 000.00			¥8 100.00
价税合计（大写）		⊗壹拾肆万叁仟壹佰元整						（小写）¥143 100.00		
销售方	名　　称	宝莱公司				备注	330303781831797 发票专用章			
	纳税人识别号	330303781831797								
	地址、电话	温州市桂园路6号　0577-88557777								
	开户行及账号	建设银行桂园分行　6227110120100102669								

收款人：　　　　复核：　　　　开票人：吴可可　　　　销售方：（章）

原始凭证 35-1

 **3302289501**  №30229870 3302289501
30229870

校验码 0330690080101023 开票日期:2019年12月17日

购买方	名　　称: 浙江皇冠家具有限责任公司 纳税人识别号: 330123142933996 地址、电话: 杭州市滨江高新技术开发区308号 0571-88900333 开户行及账号: 建设银行滨江支行 6227181800000003399	密码区	67/*+3*0/611++0/+0*/*+3+2/9 *11*+66666**066611*+66666* 1**+216***6000*261*2*4/*547 203994+-42*64151*6915361/3*

货物或应税劳务、服务名称	规格型号	单位	数量	单价	金额	税率	税额
*税控系统专业设备技术维护费			1	821.24	821.24	13%	106.76
合　计					¥821.24		¥106.76

价税合计(大写) ⊗玖佰贰拾捌元整   (小写) ¥928.00

销售方	名　　称: 杭州航天金穗技术有限公司 纳税人识别号: 524058699088348 地址、电话: 杭州市上城区复兴街49号 0571-66780034 开户行及账号: 中国银行复兴支行 6227644800983308310	备注	

收款人:　　　　　复核:　　　　　开票人:张小红　　　　　销售方:(章)

原始凭证 35-2

 **3302289501**  №30229870 3302289501
30229870

校验码 0330690080101023 开票日期:2019年12月17日

购买方	名　　称: 浙江皇冠家具有限责任公司 纳税人识别号: 330123142933996 地址、电话: 杭州市滨江高新技术开发区308号 0571-88900333 开户行及账号: 建设银行滨江支行 6227181800000003399	密码区	67/*+3*0/611++0/+0*/*+3+2/9 *11*+66666**066611*+66666* 1**+216***6000*261*2*4/*547 203994+-42*64151*6915361/3*

货物或应税劳务、服务名称	规格型号	单位	数量	单价	金额	税率	税额
*税控系统专业设备技术维护费			1	821.24	821.24	13%	106.76
合　计					¥821.24		¥106.76

价税合计(大写) ⊗玖佰贰拾捌元整   (小写) ¥928.00

销售方	名　　称: 杭州航天金穗技术有限公司 纳税人识别号: 524058699088348 地址、电话: 杭州市上城区复兴街49号 0571-66780034 开户行及账号: 中国银行复兴支行 6227644800983308310	备注	

收款人:　　　　　复核:　　　　　开票人:张小红　　　　　销售方:(章)

原始凭证 35-3

中国建设银行 电汇凭证（回单）1

☑普通 □加急　　委托日期：2019 年 12 月 17 日

汇款人	全称	浙江皇冠家具有限责任公司	收款人	全称	杭州航天金穗技术有限公司
	账号	6227181800000003399		账号	6227644800983308310
	汇出地点	浙江省杭州市/区		汇入地点	浙江省杭州市/区
	汇出行名称	建设银行滨江支行		汇入行名称	中国银行复兴支行
金额	玖佰贰拾捌元整				¥928.00

票证安全码：
附加信息及用途：

汇出行签章：中国建设银行滨江支行 2019.12.17 办讫

复核：　　记账：

原始凭证 36-1

中国建设银行电子缴税付款凭证

转账日期：2019-12-18　　　　　　　　　　　　　　　　凭证字号：3430

纳税人全称及纳税人识别号：浙江皇冠家具有限责任公司 330123142933996

付款人全称	浙江皇冠家具有限责任公司	征收机关名称	国家税务总局杭州市税务局
付款人账号	6227181800000003399	收款国库(银行)名称	杭州市国库
付款人开户银行	中国建设银行滨江支行	缴款书交易流水号	334432446673488090
小写(合计金额)	¥23 493.00	税票号码	24659077745643
大写(合计金额)	贰万叁仟肆佰玖拾叁元整		

税、费税号：3346778009844566 55
税款属期：2019.11.01～2019.11.30

税(费)种名称	实缴金额
土地增值税	11 493.00
增值税	12 000.00

中国建设银行滨江支行 2019.12.18 办讫

第1次打印　　　　　　　　　　　　　打印日期：2019-12-18

第二联作付款回单(无银行收讫章无效)　　复核：　　记账：王婷

原始凭证 36-2

3309227901　　　　　　　　　　　　　　No00945413　　　　3309227901
　　　　　　　　　　　　　　　　　　　　　　　　　　　　　　00945413

校验码　9670456880102688　　　　　　　　　　　开票日期：2019年12月18日

购买方	名称：浙江皇冠家具有限责任公司 纳税人识别号：330123142933996 地址、电话：杭州市滨江高新技术开发区308号 0571-88900333 开户行及账号：建设银行滨江支行 6227181800000003399	密码区	67/*+3*0/611*++0/+0*/*+3+2/9 *11*+66666**066611*+66666* 1**+216***6000*261*2*4/*547 203994+-42*64151*6915361/3*

货物或应税劳务、服务名称	规格型号	单位	数量	单价	金额	税率	税额
*清理费			1	3 000.00	3 000.00	6%	180.00
合计					¥3 000.00		¥180.00
价税合计（大写）	⊗叁仟壹佰捌拾元整				（小写）¥3 180.00		

销售方	名称：杭州洁力清理有限公司 纳税人识别号：665007682234001 地址、电话：杭州市滨江区解放北路998号 0571-30083431 开户行及账号：建设银行滨江支行 6222244800936426866	备注	杭州洁力清理有限公司 665007682234001 发票专用章

收款人：　　　　复核：　　　　开票人：李月　　　　销售方：（章）

原始凭证 36-3

3309227901　　　　　　　　　　　　　　No00945413　　　　3309227901
　　　　　　　　　　　　　　　　　　　　　　　　　　　　　　00945413

校验码　9670456880102688　　　　　　　　　　　开票日期：2019年12月18日

购买方	名称：浙江皇冠家具有限责任公司 纳税人识别号：330123142933996 地址、电话：杭州市滨江高新技术开发区308号 0571-88900333 开户行及账号：建设银行滨江支行 6227181800000003399	密码区	67/*+3*0/611*++0/+0*/*+3+2/9 *11*+66666**066611*+66666* 1**+216***6000*261*2*4/*547 203994+-42*64151*6915361/3*

货物或应税劳务、服务名称	规格型号	单位	数量	单价	金额	税率	税额
*清理费			1	3 000.00	3 000.00	6%	180.00
合计					¥3 000.00		¥180.00
价税合计（大写）	⊗叁仟壹佰捌拾元整				（小写）¥3 180.00		

销售方	名称：杭州洁力清理有限公司 纳税人识别号：665007682234001 地址、电话：杭州市滨江区解放北路998号 0571-30083431 开户行及账号：建设银行滨江支行 6222244800936426866	备注	杭州洁力清理有限公司 665007682234001 发票专用章

收款人：　　　　复核：　　　　开票人：李月　　　　销售方：（章）

原始凭证 36-4

中华人民共和国
税收通用完税证

（20181）新国完电：No.0903150

注册类型：	有限责任公司	填发日期：	2019年12月18日	征收机关：	国家税务总局杭州市税务局
纳税人代码	330123142933996		地址		浙江省杭州市滨江高新技术开发区308号
纳税人名称	浙江皇冠家具有限责任公司		税款所属时期		2019年11月01日至 2019年11月30日

税种	品目名称	课税数量	计税金额或销售收入	税率或单位税额	已缴或扣除额	实缴金额
土地增值税	土地增值税		240 000.00	30%		11 493.00

金额合计	（大写）壹万壹仟肆佰玖拾叁元整

税务机关	委托代征单位	填票人	备注
（签章）	委托银行扣款（签章）		

第二联 收据 交纳税人作完税凭证

原始凭证 36-5

固定资产清理单

2019 年 12 月 18 日　　　编号：0098

主管部门：					使用单位：	浙江皇冠家具有限责任公司			
名称及型号	单位	数量	原始价值	已提折旧	净值	预计使用年限	实际使用年限	支付清理费	收回变价收入
厂房	栋	1	300 000.00	42 750.00	257 250.00	20年	35个月	3 180.00	252 000.00

建造单位		处理意见	部门负责人	
建造年份		清理原因	厂房破旧	同意	公司负责人	皇甫江
出厂号				

单位公章　　财务主管：戴永明　　会计：段振华　　制单：段振华

原始凭证 36-6

增值税专用发票　No 00236521　　1300053140
　　　　　　　　　　　　　　　　　　　　00236521

1300053140

校验码 3333068325190696　　　　　　　开票日期：2019年12月18日

购买方	名　称	浙江怡福有限公司				密码区	67/*+3*0/611*+0/+0*/*+3+2/9 *11*+66666**066611*+66666* 1**+216***6000*261*2*4/*547 203994+-42*64151*6915361/3*
	纳税人识别号	330390121389483					
	地址、电话	杭州市江干区新环东路980号　0571-83164680					
	开户行及账号	建设银行江干支行　6223302390393894819					

货物或应税劳务、服务名称	规格型号	单位	数量	单价	金额	税率	税额
*厂房			1	240 000.00	240 000.00	5%	12 000.00
合　计					¥240 000.00		¥12 000.00

价税合计（大写）　⊗贰拾伍万贰仟元整　　　　　（小写）¥252 000.00

销售方	名　称	浙江皇冠家具有限责任公司	备注
	纳税人识别号	330123142933996	
	地址、电话	杭州市滨江高新技术开发区308号　0571-88900333	
	开户行及账号	建设银行滨江支行　6227181800000003399	

收款人：　　　复核：　　　开票人：段振华　　　销售方：（章）

原始凭证 36-7

中国建设银行　电汇凭证（回单）1

☑普通　□加急　　委托日期：2019年12月18日

汇款人	全称	浙江皇冠家具有限责任公司	收款人	全称	杭州洁力清理有限公司
	账号	6227181800000003399		账号	6222234480093642
	汇出地点	浙江省杭州市/区		汇入地点	浙江省杭州市/区
	汇出行名称	建设银行滨江支行		汇入行名称	建设银行滨江支行

金额	叁仟壹佰捌拾元整						亿	千	百	十	万	千	百	十	元	角	分
											¥	3	1	8	0	0	0

中国建设银行滨江支行
2019.12.18
办讫

汇出行签章　　　票证安全码　　附加信息及用途：

复核：　　　记账：

原始凭证 36-8

中国建设银行 电汇凭证（回单）1

☑普通 □加急　　委托日期：2019年12月18日

汇款人	全称	浙江怡福有限公司	收款人	全称	浙江皇冠家具有限责任公司
	账号	6223302390393894819		账号	6227181800000003399
	汇出地点	浙江省杭州市/X		汇入地点	浙江省杭州市/X
	汇出行名称	建设银行江干支行		汇入行名称	建设银行滨江支行
金额	贰拾伍万贰仟元整				¥252000 00

中国建设银行滨江支行
2019.12.18
办讫
汇出行签章

票证安全码：
附加信息及用途：
复核：　　记账：

原始凭证 37

中国建设银行 电汇凭证（回单） No 0302629291

委托日期 2019年12月19日　　第 03 号

汇款人	全称	浙江皇冠家具有限责任公司	收款人	全称	浙江皇冠家具有限责任公司
	账号或地址	6227181800000003399		账号或地址	6227181800000005500
	汇出地点	杭州市	汇出行名称	建设银行滨江支行	汇出地点	杭州市	汇出行名称	建设银行滨江支行

人民币（大写）肆拾玖万柒仟叁佰伍拾元整	¥497350 00

汇款用途：归还短期借款本金及利息

上列款项已根据委托办理，如需查询，请持此回单来行面洽。

单位主管　会计　出纳　记账

中国建设银行滨江支行 2019.12.19 办讫（汇出行盖章）

原始凭证 38-1

不动产验收单

2019年12月20日　　　编号：178

名称	规格型号	来源	数量	购（造）价	使用年限	残值率
厂房		购买	1	800 000.00	20年	5%

安装费	月折旧率	建造单位	交工日期	附件
	0.39%		2019.12.20	

验收部门	综合部		管理处	生产部门

备注：

（浙江皇冠家具有限责任公司 印章）

原始凭证 38-2

3201166520

№07312891

3201166520
07312891

校验码 3213541697951086

开票日期：2019年12月20日

购买方	名称：	浙江皇冠家具有限责任公司			密码区	67/*+3*0/611*++0/+0*/*+3+2/9 *11*+66666**066611*+66666* 1**+216***6000*261*2*4/*547 203994+-42*64151*6915361/3*	
	纳税人识别号：	330123142933996					
	地址、电话：	杭州市滨江高新技术开发区308号　0571-88900333					
	开户行及账号：	建设银行滨江支行　6227181800000003399					

货物或应税劳务、服务名称	规格型号	单位	数量	单价	金额	税率	税额
*简易厂房			1	800 000.00	800 000.00	9%	720 00.00
合　计					¥800 000.00		¥720 00.00

价税合计（大写）　⊗捌拾柒万贰仟元整　　　　　　　　　　　¥872000.00

销售方	名称：	浙江联运房产有限公司
	纳税人识别号：	322355700046581
	地址、电话：	杭州市江干区民安东路382号　0571-8872396
	开户行及账号：	中国银行江干支行　6227786003667290221

收款人：　　　　复核：　　　　开票人：江靖　　　　销售方：（章）

原始凭证 38-3

3201166520

№07312891

3201166520
07312891

校验码 3213541697951086

开票日期：2019年12月20日

购买方	名称：	浙江皇冠家具有限责任公司			密码区	67/*+3*0/611*++0/+0*/*+3+2/9 *11*+66666**066611*+66666* 1**+216***6000*261*2*4/*547 203994+-42*64151*6915361/3*	
	纳税人识别号：	330123142933996					
	地址、电话：	杭州市滨江高新技术开发区308号　0571-88900333					
	开户行及账号：	建设银行滨江支行　6227181800000003399					

货物或应税劳务、服务名称	规格型号	单位	数量	单价	金额	税率	税额
*简易厂房			1	800 000.00	800 000.00	9%	720 00.00
合　计					¥800 000.00		¥720 00.00

价税合计（大写）　⊗捌拾柒万贰仟元整　　　　　　　　　　　¥872 000.00

销售方	名称：	浙江联运房产有限公司
	纳税人识别号：	322355700046581
	地址、电话：	杭州市江干区民安东路382号　0571-8872396
	开户行及账号：	中国银行江干支行　6227786003667290221

收款人：　　　　复核：　　　　开票人：江靖　　　　销售方：（章）

原始凭证 38-4

中国建设银行 电汇凭证（回单）1

☑普通 □加急　　　委托日期：2019年12月20日

汇款人	全称	浙江皇冠家具有限责任公司	收款人	全称	浙江联运房产有限公司
	账号	6227181800000003399		账号	6227786003667290221
	汇出地点	浙江省杭州市/区		汇入地点	浙江省杭州市/区
	汇出行名称	建设银行滨江支行		汇入行名称	中国银行江干支行

金额	捌拾柒万贰仟元整	亿千百十万千百十元角分 ¥ 8 7 2 0 0 0 0 0

中国建设银行滨江支行　2019.12.20　办讫

此联汇出行给汇款人的回单

原始凭证 39-1

入 库 单　　No.00996503

送货厂商：
物料类别：□原材料　□成品　□其他　　　　2019年12月21日

品名/牌号	订单号	规格	数量	单位	单价	金额
五金配件			500	套	80.00	40 000.00

主管：　　　品管：　　　仓库：曾燕琼　　　送货人：

第二联 交财务部

原始凭证 39-2

入 库 单　　No.00996503

送货厂商：
物料类别：□原材料　□成品　□其他　　　　2019年12月21日

品名/牌号	订单号	规格	数量	单位	单价	金额
胶粘剂			500	支	20.00	10 000.00

主管：　　　品管：　　　仓库：曾燕琼　　　送货人：

第二联 交财务部

原始凭证 39-3

3309815067
代开

增值税专用发票　　№00981578　　3309815067
抵扣联　　　　　　　　　　　　　　　00981578

校验码 0680361053162980　　　　　　　开票日期：2019年12月21日

	名　称	浙江皇冠家具有限责任公司				密码区	67/*+3*0/611*++0/+0*/*+3+2/9				
购买方	纳税人识别号	330123142933996					*11*+66666**066611*+66666*				
	地址、电话	杭州市滨江高新技术开发区308号　0571-88900333					1**+216***6000*261*2*4/*547				
	开户行及账号	中国建设银行滨江支行　6227181800000003399					203994+-42*64151*6915361/3*				
货物或应税劳务、服务名称	规格型号	单位	数量	单价	金额		税率	税额
*五金配件		套	500	80.00	40 000.00		3%	1 200.00
*胶粘剂		支	500	20.00	10 000.00		3%	300.00
合　计					¥50 000.00			¥1 500.00
价税合计（大写）	⊗伍万壹仟伍佰元整						¥51 500.00	
销售方	名　称	张三				备注	杭州税务局第二分局				
	纳税人识别号	3320887445470093					3320887445470093				
	地址、电话	杭州市滨江区经济开发区2309号　0571-8839032					发票专用章				
	开户行及账号	中国银行开发区支行　6227083924020384832									
收款人：		复核：		开票人：王路			销售方：（章）

原始凭证 39-4

3309815067
代开

增值税专用发票　　№00981578　　3309815067

发票联　　　　　　　　　　　　　　　00981578

校验码 0680361053162980　　　　　　　开票日期：2019年12月21日

	名　称	浙江皇冠家具有限责任公司				密码区	67/*+3*0/611*++0/+0*/*+3+2/9				
购买方	纳税人识别号	330123142933996					*11*+66666**066611*+66666*				
	地址、电话	杭州市滨江高新技术开发区308号　0571-88900333					1**+216***6000*261*2*4/*547				
	开户行及账号	建设银行滨江支行　6227181800000003399					203994+-42*64151*6915361/3*				
货物或应税劳务、服务名称	规格型号	单位	数量	单价	金额		税率	税额
*五金配件		套	500	80.00	40 000.00		3%	1 200.00
*胶粘剂		支	500	20.00	10 000.00		3%	300.00
合　计					¥50 000.00			¥1 500.00
价税合计（大写）	⊗伍万壹仟伍佰元整						¥51 500.00	
销售方	名　称	张三				备注	杭州税务局第二分局				
	纳税人识别号	320887445470093					3320887445470093				
	地址、电话	杭州市滨江区经济开发区2309号　0571-8839032					发票专用章				
	开户行及账号	中国银行开发区支行　6227083924020384832									
收款人：		复核：		开票人：王路			销售方：（章）

原始凭证 39-5

中国建设银行 电汇凭证（回单）1

☑普通 ☐加急　　　　委托日期：2019 年 12 月 21 日

汇款人	全称	浙江皇冠家具有限责任公司	收款人	全称	张三
	账号	6227181800000003399		账号	6227083924020384832
	汇出地点	浙江省 杭州市/县		汇入地点	浙江省 杭州市/县
	汇出行名称	建设银行滨江支行		汇入行名称	中国银行开发区支行
金额	伍万壹仟伍佰元整				¥ 51 500.00

汇出行签章：中国建设银行滨江支行 2019.12.21 办讫

票证安全码：
附加信息及用途：
复核：　　　记账：

此联汇出行给汇款人的回单

原始凭证 40-1

出 库 单　　No 00982032

会计部门编号
用途：生产实木床　　　　2019 年 12 月 22 日

编号	名称	规格	单位	出库数量	单价	金额	备注
1	五金配件		套	300	80.00	24 000.00	
	合 计						

生产车间或部门：　　　　　仓库管理员：曾燕琼

第二联 交财务部

原始凭证 40-2

出 库 单　　No 00982033

会计部门编号
用途：生产实木床　　　　2019 年 12 月 22 日

编号	名称	规格	单位	出库数量	单价	金额	备注
1	胶粘剂		支	200	20.00	4 000.00	
	合 计						

生产车间或部门：　　　　　仓库管理员：曾燕琼

第二联 交财务部

原始凭证 40-3

出　库　单　　No 00982034

会计部门编号
用途：生产办公桌　　　2019 年 12 月 22 日

编号	名称	规格	单位	出库数量	单价	金额	备注
1	五金配件		套	100	80.00	8 000.00	
	合　计						

生产车间或部门：　　　　　　　仓库管理员：曾燕琼

第二联　交财务部

原始凭证 40-4

出　库　单　　No 00982035

会计部门编号
用途：生产办公桌　　　2019 年 12 月 22 日

编号	名称	规格	单位	出库数量	单价	金额	备注
1	胶粘剂		支	200	20.00	4 000.00	
	合　计						

生产车间或部门：　　　　　　　仓库管理员：曾燕琼

第二联　交财务部

原始凭证 41-1

中国建设银行　电汇凭证（回单）1

☑ 普通　□ 加急　　委托日期：2019 年 12 月 23 日

汇款人	全称	台州天顶装饰有限公司	收款人	全称	浙江皇冠家具有限责任公司
	账号	6222677829813729734		账号	6227181800000003399
	汇出地点	浙江省台州市/县		汇入地点	浙江省杭州市/县
	汇出行名称	建设银行路桥支行		汇入行名称	建设银行滨江支行
金额	壹万叁仟伍佰陆拾元整			亿千百十万千百十元角分 ¥ 1 3 5 6 0 0 0

中国建设银行滨江支行
2019.12.23
办讫

票证安全码：
附加信息及用途：
汇出行签章　　　复核：　　　记账：

此联汇出行给汇款人的回单

原始凭证 41-2

1300053140

增值税专用发票　　No34003433

3309232321
34003433

校验码 0666578035152763　　　　　　　　　开票日期：2019年12月23日

购买方	名　称	台州天顶装饰有限公司						
	纳税人识别号	339029203902930						
	地址、电话	台州市路桥区天宫北路899号 0576-87296639						
	开户行及账号	建设银行路桥支行 6222677829813729734						

密码区：
67/*+3*0/611*++0/+0*/*+3+2/9
11+66666**066611*+66666*
1**+216***6000*261*2*4/*547
203994+-42*64151*6915361/3*

货物或应税劳务、服务名称	规格型号	单位	数量	单价	金额	税率	税额
五金配件		套	100	90	9 000.00	13%	1 170.00
胶粘剂		支	100	30	3 000.00	13%	390.00
合　计					￥12 000.00		￥1 560.00

价税合计（大写） ⊗壹万叁仟伍佰陆拾元整　　　　（小写） ￥13 560.00

销售方	名　称	浙江皇冠家具有限责任公司
	纳税人识别号	330123142933996
	地址、电话	杭州市滨江区高新技术开发区308号 0571-88900333
	开户行及账号	建设银行滨江支行 6227181800000003399

备注：

收款人：　　复核：　　开票人：　　销售方：（章）

原始凭证 41-3

出　库　单　　No33209412

会计部门编号
仓库部门编号　　2019年12月23日

编号	名称	规格	单位	出库数量	单价	金额	备注
1	五金配件		套	100	80.00	8 000.00	
	合　计						

生产车间或部门：　　　　　　　仓库管理员：曾燕琼

原始凭证 41-4

出　库　单　　No33209413

会计部门编号
仓库部门编号　　2019年12月23日

编号	名称	规格	单位	出库数量	单价	金额	备注
1	胶粘剂		支	100	20.00	2 000.00	
	合　计						

生产车间或部门：　　　　　　　仓库管理员：曾燕琼

原始凭证 42

中国建设银行 电汇凭证（回单）1

☑普通 □加急　　委托日期：2019 年 12 月 23 日

汇款人	全称	浙江皇冠家具有限责任公司	收款人	全称	天行专业设计有限公司
	账号	6227181800000003399		账号	6222783300900445678
	汇出地点	浙江省杭州市/县		汇入地点	浙江省杭州市/县
	汇出行名称	建设银行滨江支行		汇入行名称	建设银行下沙支行
金额	壹拾陆万陆仟元整				¥166000 00

（中国建设银行滨江支行 2019.12.23 办讫）汇出行签章

票证安全码：
附加信息及用途：
复核：　　记账：

原始凭证 43-1

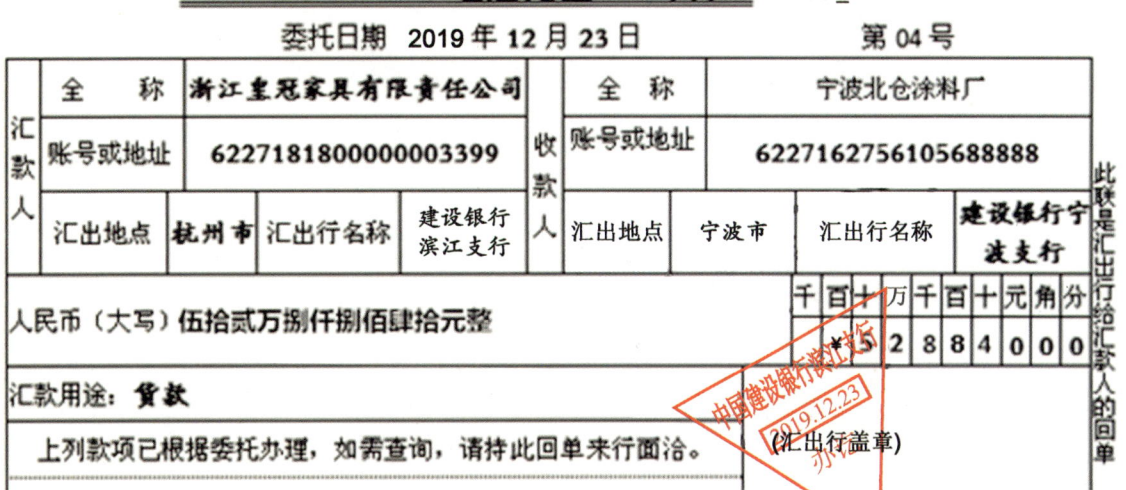

（汇出行盖章）

145

原始凭证 43-2

3300102280

增值税专用发票 No 03390543

3300102280
03390543

抵扣联

开票日期：2019年12月23日

购买方	名　　称	浙江皇冠家具有限责任公司
	纳税人识别号	330123142933996
	地址、电话	杭州市滨江高新技术开发区308号　0571—88900333
	开户行及账号	建设银行滨江支行　6227181800000003399

密码区：
67/*+3*0/611*++0/+0*/*+3+2/9
11+66666**066611*+66666*
1**+216***6000*261*2*4/*547
203994+-42*64151*6915361/3*

货物或应税劳务、服务名称	规格型号	单位	数量	单价	金额	税率	税额
*涂料		桶	1 800	260	468 000.00	13%	60 840.00
合　计					¥468 000.00		¥60 840.00
价税合计（大写）	⊗伍拾贰万捌仟捌佰肆拾元整					¥528 840.00	

销售方	名　　称	宁波北仑涂料厂
	纳税人识别号	330305145566031
	地址、电话	浙江省宁波市经济开发区滨海四道518号　0574-86909991
	开户行及账号	建设银行宁波支行　6227162756105688888

备注：宁波北仑涂料厂 320887445470093 发票专用章

收款人：　　　复核：　　　开票人：　　　销售方：（章）

原始凭证 43-3

3300102280

增值税专用发票 No 03390543

3300102280
03390543

发票联

开票日期：2019年12月23日

购买方	名　　称	浙江皇冠家具有限责任公司
	纳税人识别号	330123142933996
	地址、电话	杭州市滨江高新技术开发区308号　0571—88900333
	开户行及账号	建设银行滨江支行　6227181800000003399

密码区：
67/*+3*0/611*++0/+0*/*+3+2/9
11+66666**066611*+66666*
1**+216***6000*261*2*4/*547
203994+-42*64151*6915361/3*

货物或应税劳务、服务名称	规格型号	单位	数量	单价	金额	税率	税额
*涂料		桶	1 800	260	468 000.00	13%	60 840.00
合　计					¥468 000.00		¥60 840.00
价税合计（大写）	⊗伍拾贰万捌仟捌佰肆拾元整					¥528 840.00	

销售方	名　　称	宁波北仑涂料厂
	纳税人识别号	330305145566031
	地址、电话	浙江省宁波市经济开发区滨海四道518号　0574-86909991
	开户行及账号	建设银行宁波支行　6227162756105688888

备注：宁波北仑涂料厂 320887445470093 发票专用章

收款人：　　　复核：　　　开票人：　　　销售方：（章）

原始凭证 44-1

财产清查报告单

2019 年 12 月 24 日　　　　　　　　　　　　　　　　　　　　　第 012 号

编号	财产名称规格	单位	单价	数量		盘盈		盘亏		原因
				账存	实存	数量	金额	数量	金额	
C02	木材	立方米	200	1 750	1 688.5			61.5	12 300.00	保管员管理不善
	合计			1 750	1 688.5			61.5	12 300.00	

财务:王林　　　审批:张京　　　主管:陈达　　　保管员:曾燕琼　　　制单:陈月

原始凭证 44-2

增值税进项税额转出表

增值税专用发票代码	转出日期	转出金额（元）	转出原因
3300102140	2019 年 12 月 24 日	1 599.00	管理员管理不善

原始凭证 45-1

入　库　单　　№00996505

送货厂商:
物料类别:　☐ 原材料　　☐ 成品　　☐ 其他　　　　2019 年 12 月 24 日

品名/牌号	订单号	规格	数量	单位	单价	金额
竹子			500	立方米	100.00	50 000.00

第二联　交财务部

主管:　　　　　　品管:　　　　　　仓库:曾燕琼　　　　　　送货人:

原始凭证 45-2

浙江省地方税务局通用机打发票 发票联

发票代码 0098799762
发票号码 09980988

开票日期：2019年12月24日　　行业分类：农产品

纳税人识别号：	330123142933996	机打号码：	390394893284324
机器编号：	313432	税控防伪码：	12434324987412103345
付款户名：	浙江皇冠家具有限责任公司	付款方式：	电汇

项目及摘要	单位	数量	单价	金额
竹子	立方米	500	100.00	50 000.00

合计人民币（大写）：　伍万元整　　　　　　　¥ 50 000.00

开票人：　　　收款人：李四　　　收款单位（签章）：好青年农产品专业合作社　　手写无效

原始凭证 45-3

中国建设银行 电汇凭证（回单）1

☑普通 □加急　　　委托日期：2019年12月24日

汇款人	全称	浙江皇冠家具有限责任公司	收款人	全称	好青年农产品专业合作社
	账号	6227181800000003399		账号	6222829381924234325
	汇出地点	浙江省杭州市/县		汇入地点	浙江省临安市/县
汇出行名称		建设银行滨江支行	汇入行名称		建设银行临安支行

金额：伍万元整　　　¥ 50 000 00

汇出行签章：中国建设银行滨江支行 2019.12.24 办讫

票证安全码：
附加信息及用途：
复核：　　记账：

原始凭证 46-1

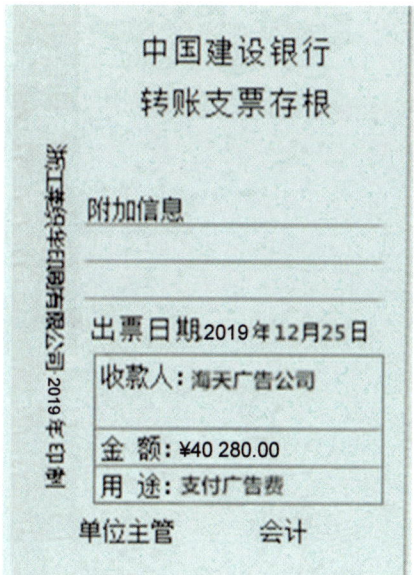

中国建设银行
转账支票存根

附加信息

出票日期 2019 年 12 月 25 日
收款人：海天广告公司
金　额：¥40 280.00
用　途：支付广告费

单位主管　　会计

原始凭证 46-2

3300327081　　增值税专用发票　　No 00398347　　3300327081
　　　　　　　　　　　　　　　　　　　　　　　　　　00398347

抵扣联

校验码 0688561035155476　　　　　　　　开票日期：2019 年 12 月 25 日

购买方	名　　称	浙江皇冠家具有限责任公司	密码区	67/*+3*0/611*++0/+0*/*+3+2/9 *11*+66666**066611*+66666* 1**+216***6000*261*2*4/*547 203994+-42*64151*6915361/3*
	纳税人识别号	330123142933996		
	地址、电话	杭州市滨江高新技术开发区308号　0571-88900333		
	开户行及账号	建设银行滨江支行　6227181800000003399		

货物或应税劳务、服务名称	规格型号	单位	数量	单价	金额	税率	税额
*广告费		次	1	38 000.00	38 000.00	6%	2 280.00
合　计					¥38 000.00		¥2 280.00
价税合计（大写）	⊗肆万零贰佰捌拾元整					¥40 280.00	

销售方	名　　称	海天广告公司	备注	
	纳税人识别号	303037818317971		
	地址、电话	浙江省杭州市拱墅区丰潭路320号　0571-58694214		
	开户行及账号	建设银行杭州分行　6222107125647895123		

收款人：　　　复核：　　　开票人：　　　销售方：（章）

原始凭证 46-3

3300327081　　　增值税专用发票　　No.00398347　　3300327081
　　　　　　　　　　　　　　　　　　　　　　　　　　　　00398347
校验码 0688561035155476　　发票联　　　　开票日期：2019年12月25日

购买方	名　　称	浙江皇冠家具有限责任公司				密码区	67/*+3*0/611++0/+0*/*+3+2/9 *11*+66666**066611*+66666* 1**+216***6000*261*2*4/*547 203994+-42*64151*6915361/3*		
	纳税人识别号	330123142933996							
	地址、电话	杭州市滨江高新技术开发区308号　0571-88900333							
	开户行及账号	建设银行滨江支行　6227181800000003399							
货物或应税劳务、服务名称	规格型号	单位	数量	单价	金额		税率	税额
·广告费		次	1	38 000.00	38 000.00		6%	2 280.00
合　　计					￥38 000.00			￥2 280.00
价税合计（大写）	⊗肆万零贰佰捌拾元整				（小写）￥40 280.00			
销售方	名　　称	海天广告公司				备注	海天广告公司 303037818317971 发票专用章		
	纳税人识别号	303037818317971							
	地址、电话	浙江省杭州市拱墅区丰潭路320号　0571-58694214							
	开户行及账号	建设银行杭州分行　6222107125647895123							

收款人：　　　　复核：　　　　开票人：　　　　销售方：（章）

原始凭证 47

 汇款来账回单　　　　支付序号：1258781

业务类型：（小额）普通贷记业务包　　记账日期：2019-12-25　柜员流水号：773354195990045
打次次数：1　　　　　　　　　　　　　　　　　　　业务任务号：

付款人	名　称	伟东商场	收款人	名　称	浙江皇冠家具有限责任公司
	账　号	6227282209045766609		账　号	6227181800000003399
付款行	行　名	中国建设银行股份有限公司乐清分行清算中心	收款行	行　名	建设银行滨江支行
	行　号	10333330225		行　号	30233333542
币别及金额	大写	（人民币）壹佰伍拾陆万贰仟肆佰元整			RMB 1 562 400.00
摘要或附言		货款 业务种类：12 汇款人开户行行号：10333330225 汇款人开户行行号：30233333542		汇款人地址： 收款人地址：	

批次号：7354100003950
打印柜员：吴晓茹　　　　　　　　　　　编号：34437197

原始凭证 48

材料盘盈（亏）处理通知单

经审查确认盘亏的 61.5 立方米的木材属于非常损失，盘亏木材处理如下：
保管员曾燕琼负担 2 300 元，其余做营业外支出处理。

总经理：皇甫江　　会计主管：戴永明　　会计：段振华

2019.12.26

原始凭证 49

入　库　单　　No 98028343

送货厂商：宁波北仑涂料厂
物料类别：□ 原材料　　□ 成品　　□ 其他

2019 年 12 月 26 日

品名/牌号	订单号	规格	数量	单位	单价	金额
涂料			1 800	桶		

主管：　　　品管：　　　仓库：曾燕琼　　　送货人：

第二联　交财务部

原始凭证 50-1

2409001121

增值税专用发票

No 07340770

2409001121
07340770

发票联

开票日期：2019年12月27日

	名　称	浙江皇冠家具有限责任公司		密	67/*+3*0/611*++0/+0*/*+3+2/9
购买方	纳税人识别号	330123142933996		码	*11*+66666**066611*+66666
	地址、电话	杭州市滨江高新技术开发区308号　0571-88900333		区	1**+216***6000*261*2*4/*547
	开户行及账号	建设银行滨江支行　6227181800000003399			203994*+-42*64151*6915361/3*

货物或应税劳务、服务名称	规格型号	单位	数量	单价	金额	税率	税额
清洁费			1	377.36	377.36	6%	22.64
合　计					¥377.36		¥22.64

价税合计（大写）　　⊗ 肆佰元整　　　　　¥400.00

	名　称	慧美清洁公司	
销售方	纳税人识别号	522931969012658	
	地址、电话	浙江省杭州市滨江区经济开发区1809号　0571-86332753	
	开户行及账号	建设银行滨江支行　62227877729231112340	

收款人：　　　复核：　　　开票人：　　　销售方：（章）

原始凭证 50-2

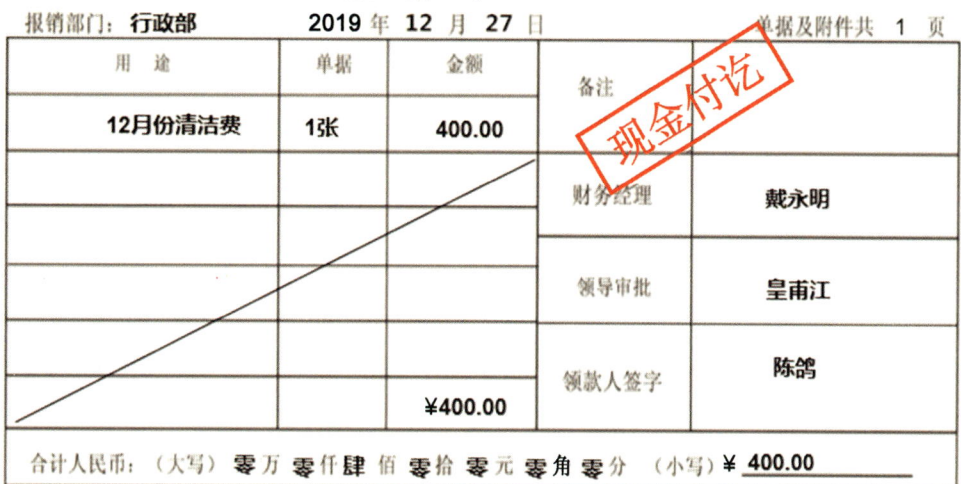

原始凭证 51

原始凭证 52

原始凭证 53

中国建设银行 进账单（收账通知） 3

2019年12月28日

出票人	全称	伟东商场	收款人	全称	浙江皇冠家具有限责任公司
	账号	6227280904576609		账号	6227181800000003399
	开户银行	建设银行白象支行		开户银行	建设银行滨江支行
金额	人民币（大写）	壹拾柒万元整			¥170 000 00
票据种类	支票	票据张数	1		
票据号码					

复核　记账　　　收款人开户银行盖章

中国建设银行滨江支行 2019.12.28 办讫

原始凭证 54

中国建设银行 电汇凭证 （回单）　No. 0302629291

委托日期 2019 年 12 月 28 日　第 12 号

汇款人	全称	浙江皇冠家具有限责任公司	收款人	全称	宁波北仑涂料厂
	账号或地址	6227181800000003399		账号或地址	6227162756105688888
	汇出地点	杭州市	汇出行名称	建设银行滨江支行	汇出地点	宁波市	汇出行名称	建设银行宁波支行

人民币（大写）陆拾万零捌仟肆佰元整　¥608 400 00

汇款用途：货款

上列款项已根据委托办理，如需查询，请持此回单来行面洽。

单位主管　会计　出纳　记账　（汇出行盖章）

中国建设银行滨江支行 2019.12.28 办讫

原始凭证 55

中国建设银行 存款利息回单

2019 年 12 月 29 日

账号	6227181800000003399
户名	浙江皇冠家具有限责任公司
开户银行	建设银行滨江支行
利率	2.25%
计息期	2019.12
利息	¥4 890.00

银行盖章

中国建设银行滨江支行 2019.12.29 办讫

原始凭证 56-1

水 费 分 配 表

2019 年 12 月 30 日

部门	用水量/吨	单价元/吨	分配金额/元
生产车间			
管理部门			
合计			

制表人：　　　　　　　　　　　　　　复核人：

原始凭证 56-2

托收凭证(付款通知) 5

委托日期：2019 年 12 月 30 日

业务类型	委托收款 ☑邮划、 □电划		托收承付 □邮划、 □电划	
付款人	全称	浙江皇冠家具有限责任公司	收款人	全称	园林自来水公司
	账号	6227181800000003399		账号	6222801052310886888
	地址	浙江省杭州市	开户行	建设银行滨江支行		地址	浙江省杭州市	开户行	工商银行河西分理处
金额	人民币(大写)	壹万陆仟零贰拾叁元整			¥16023.00
款项内容	水费	托收凭据名称	增值税专用发票	附寄单证张数	2张
商品发运情况		合同名称号码			
备注	中国建设银行滨江支行 2019.12.30 结算专用	款项收妥日期		中国建设银行滨江支行 2019.12.30 办讫	
			收款人开户银行签章		
复核　　记账		2019 年 12 月 30 日		2019 年 12 月 30 日	

原始凭证 56-3

3300457050

No 13780448

3300457050
13780448

校验码 0688102456661989

开票日期：2019年12月30日

购买方	名　　称	浙江皇冠家具有限责任公司						
	纳税人识别号	330123142933996						
	地址、电话	杭州市滨江高新技术开发区308号　0571-88900333						
	开户行及账号	建设银行滨江支行　6227181800000003399						
货物或应税劳务、服务名称	规格型号	单位	数量	单价	金额	税率	税额
自来水		吨	4 900	3.00	14 700.00	9%	1 323.00
合　　计					¥14 700.00		¥1 323.00
价税合计（大写）	⊗ 壹万陆仟零贰拾叁元整				（小写）¥16 023.00		
销售方	名　　称	园林自来水公司						
	纳税人识别号	110232660895223						
	地址、电话	杭州市园林区河东路28号　0571-62378375						
	开户行及账号	工商银行河东分理处　6222801052310886888						

收款人：　　　　复核：　　　　开票人：　　　　销售方：（章）

原始凭证 56-4

3300457050

No 13780448

3300457050
13780448

校验码 0688102456661989

开票日期：2019年12月30日

购买方	名　　称	浙江皇冠家具有限责任公司						
	纳税人识别号	330123142933996						
	地址、电话	杭州市滨江高新技术开发区308号　0571-88900333						
	开户行及账号	建设银行滨江支行　6227181800000003399						
货物或应税劳务、服务名称	规格型号	单位	数量	单价	金额	税率	税额
自来水		吨	4 900	3.00	14 700.00	9%	1 323.00
合　　计					¥14 700.00		¥1 323.00
价税合计（大写）	⊗ 壹万陆仟零贰拾叁元整				（小写）¥16 023.00		
销售方	名　　称	园林自来水公司						
	纳税人识别号	110232660895223						
	地址、电话	杭州市园林区河东路28号　0571-62378375						
	开户行及账号	工商银行河东分理处　6222801052310886888						

收款人：　　　　复核：　　　　开票人：　　　　销售方：（章）

原始凭证 57-1

电费分配表

2019 年 12 月 30 日

部门	用途	用电量(度)	单价(元/度)	分配金额(元)
生产车间	生产实木床			
生产车间	生产办公桌			
生产车间	照明			
管理部门	照明			
合计				

制表人： 复核人：

原始凭证 57-2

托收凭证(付款通知) 5

委托日期：2019年12月30日

业务类型	委托收款(☑邮划、□电划)		托收承付(□邮划、□电划)	
付款人	全称	浙江皇冠家具有限责任公司	收款人	全称	园林供电局
	账号	6227181800000003399		账号	6222520110387710888
	地址	浙江省杭州市 开户行 建设银行滨江支行		地址	浙江省杭州市 开户行 工行河西分理处

金额 人民币(大写) 叁万陆仟叁佰肆拾元捌角整 ￥36340.80

款项内容：电费
托收凭据名称：增值税专用发票
附寄单证张数：25k

备注：
中国建设银行滨江支行
2019.12.30
结算专用章

中国建设银行滨江支行
2019.12.30
办讫

复核 记账
款项收妥日期
收款人开户银行签章
2019年12月30日   2019年12月30日

原始凭证 57-3

3300767090

增值税专用发票

No 16890668

3300767090
16890668

校验码 3333103326981798

开票日期：2019年12月30日

购买方	名　　称	浙江皇冠家具有限责任公司				密码区	67/*+3*0/611*++0/+0*/*+3+2/9 *11*+66666**066611*+66666* 1**+216***6000*261*2*4/*547 203994+-42*64151*6915361/3*		
	纳税人识别号	330123142933996							
	地址、电话	杭州市滨江高新技术开发区308号　0571-88900333							
	开户行及账号	建设银行滨江支行　622718180000000003399							
货物或应税劳务、服务名称	规格型号	单位	数量	单价	金额		税率	税额	
*电费		度	67 000	0.48	32 160.00		13%	4 180.80	
合　计					¥32 160.00			¥4 180.80	
价税合计（大写）		⊗ 叁万陆仟叁佰肆拾元捌角整					（小写）¥36 340.80		
销售方	名　　称	园林供电局				备注			
	纳税人识别号	110622608325392							
	地址、电话	杭州市园林区河西路2号　0571-63782555							
	开户行及账号	工商银行河西分理处　6222520110387710888							

收款人：　　　复核：　　　开票人：　　　销售方：（章）

原始凭证 57-4

3300767090

增值税专用发票

No 16890668

3300767090
16890668

校验码 3333103326981798

开票日期：2019年12月30日

购买方	名　　称	浙江皇冠家具有限责任公司				密码区	67/*+3*0/611*++0/+0*/*+3+2/9 *11*+66666**066611*+66666* 1**+216***6000*261*2*4/*547 203994+-42*64151*6915361/3*		
	纳税人识别号	330123142933996							
	地址、电话	杭州市滨江高新技术开发区308号　0571-88900333							
	开户行及账号	建设银行滨江支行　622718180000000003399							
货物或应税劳务、服务名称	规格型号	单位	数量	单价	金额		税率	税额	
*电费		度	67 000	0.48	32 160.00		13%	4 180.80	
合　计					¥32 160.00			¥4 180.80	
价税合计（大写）		⊗ 叁万陆仟叁佰肆拾元捌角整					（小写）¥36 340.80		
销售方	名　　称	园林供电局				备注			
	纳税人识别号	110622608325392							
	地址、电话	杭州市园林区河西路2号　0571-63782555							
	开户行及账号	工商银行河西分理处　6222520110387710888							

收款人：　　　复核：　　　开票人：　　　销售方：（章）

原始凭证 58-1

3302558941　　　　No 00673572　　3302558941
　　　　　　　　　　　　　　　　　　　　　　　　　　00673572

校验码　0663251659192678　　　　　　　　　开票日期：2019年12月30日

购买方	名　称：	浙江皇冠家具有限责任公司					密码区	67/*+3*0/611*++0/+0*/*+3+2/9 *11*+66666**066611*+66666* 1**+216***6000*261*2*4/*547 203994+-42*64151*6915361/3*		
	纳税人识别号：	330123142933996								
	地址、电话：	杭州市滨江高新技术开发区308号　0571-88900333								
	开户行及账号：	建设银行滨江支行　6227181800000003399								
货物或应税劳务、服务名称		规格型号	单位	数量	单价		金额	税率	税额	
*设计费			次	1	50 000.00		50 000.00	6%	3 000.00	
合　计							¥50 000.00		¥3 000.00	
价税合计（大写）		⊗ 伍万叁仟元整						¥53 000.00		
销售方	名　称：	天竹专业设计有限公司					备注			
	纳税人识别号：	339533009274560								
	地址、电话：	杭州市下沙经济开发区创业园8幢6号　0571-88903655								
	开户行及账号：	建设银行下沙支行　4478330900044567889								

收款人：　　　　复核：　　　　开票人：　　　　销售方：（章）

原始凭证 58-2

3302558941　　　　No 00673572　　3302558941
　　　　　　　　　　　　　　　　　　　　　　　　　　00673572

校验码　0663251659192678　　　　　　　　　开票日期：2019年12月30日

购买方	名　称：	浙江皇冠家具有限责任公司					密码区	67/*+3*0/611*++0/+0*/*+3+2/9 *11*+66666**066611*+66666* 1**+216***6000*261*2*4/*547 203994+-42*64151*6915361/3*		
	纳税人识别号：	330123142933996								
	地址、电话：	杭州市滨江高新技术开发区308号　0571-88900333								
	开户行及账号：	建设银行滨江支行　6227181800000003399								
货物或应税劳务、服务名称		规格型号	单位	数量	单价		金额	税率	税额	
*设计费			次	1	50 000.00		50 000.00	6%	3 000.00	
合　计							¥50 000.00		¥3 000.00	
价税合计（大写）		⊗ 伍万叁仟元整						¥53 000.00		
销售方	名　称：	天竹专业设计有限公司					备注			
	纳税人识别号：	339533009274560								
	地址、电话：	杭州市下沙经济开发区创业园8幢6号　0571-88903655								
	开户行及账号：	建设银行下沙支行　4478330900044567889								

收款人：　　　　复核：　　　　开票人：　　　　销售方：（章）

原始凭证 58-3

 **3302558941**  No 00673573 3302558941　00673573

校验码 0357869829601348　　　　　　　　　　　　开票日期：2019年12月30日

购买方	名　　称	浙江皇冠家具有限责任公司		密码区	67/*+3*0/611**++0/+0*/*+3+2/9 *11++66666**066611*+66666 1**+216***6000*261*2*4/*547 203994+-42*64151*6915361/3*		
	纳税人识别号	330123142933996					
	地址、电话	杭州市滨江高新技术开发区308号　0571-88900333					
	开户行及账号	建设银行滨江支行　6227181800000003399					

货物或应税劳务、服务名称	规格型号	单位	数量	单价	金额	税率	税额
*装饰品		件	200	500.00	100 000.00	13%	13 000.00
合　计					¥100 000.00		¥13 000.00

价税合计（大写）　⊗壹拾壹万叁仟元整　　　　　　　　　　　　（小写）¥113 000.00

销售方	名　　称	天竹专业设计有限公司		备注	天竹专业设计有限公司 339533009274560 发票专用章
	纳税人识别号	339533009274560			
	地址、电话	杭州市下沙经济开发区创业园8幢6号　0571-88903655			
	开户行及账号	建设银行下沙支行　4478330090044567889			

收款人：　　　　　复核：　　　　　开票人：　　　　　销售方：（章）

原始凭证 58-4

 **3302558941**  No 00673573 3302558941　00673573

校验码 0357869829601348　　　　　　　　　　　　开票日期：2019年12月30日

购买方	名　　称	浙江皇冠家具有限责任公司		密码区	67/*+3*0/611**++0/+0*/*+3+2/9 *11++66666**066611*+66666 1**+216***6000*261*2*4/*547 203994+-42*64151*6915361/3*		
	纳税人识别号	330123142933996					
	地址、电话	杭州市滨江高新技术开发区308号　0571-88900333					
	开户行及账号	建设银行滨江支行　6227181800000003399					

货物或应税劳务、服务名称	规格型号	单位	数量	单价	金额	税率	税额
*装饰品		件	200	500.00	100 000.00	13%	13 000.00
合　计					¥100 000.00		¥13 000.00

价税合计（大写）　⊗壹拾壹万叁仟元整　　　　　　　　　　　　（小写）¥113 000.00

销售方	名　　称	天竹专业设计有限公司		备注	天竹专业设计有限公司 339533009274560 发票专用章
	纳税人识别号	339533009274560			
	地址、电话	杭州市下沙经济开发区创业园8幢6号　0571-88903655			
	开户行及账号	建设银行下沙支行　4478330090044567889			

收款人：　　　　　复核：　　　　　开票人：　　　　　销售方：（章）

原始凭证 59-1

"一户通"系统同城特约委托收款凭证（付款通知）2　编号：01074345

付款日期 2019 年 12 月 30 日

付款人	全称	浙江皇冠家具有限责任公司	收款人	全称	杭州市电信局
	账号	6227181800000003399		账号	6227330482746628330
	开户银行	建设银行滨江支行		开户银行	建行银行向阳路分理处
金额	人民币（大写）	伍仟壹佰肆拾贰元捌角贰分		人民币（小写）	¥5 142.82
款项内容			协议号码		

付款人开户银行签章

中国建设银行滨江支行
2019.12.30
办讫

2019 年 12 月 30 日

原始凭证 59-2

　**3088880311**　　№**00927721**　3088880311
00927721

校验码 0636516754552180　　开票日期：2019年12月30日

购买方	名　称	浙江皇冠家具有限责任公司	密码区	67/*+3*0/611*++0/+0*/*+3+2/9
	纳税人识别号	330123142933996		*11*+66666**066611*+66666*
	地址、电话	杭州市滨江高新技术开发区308号　0571-88900333		1**+216***6000*261*2*4/*547
	开户行及账号	建设银行滨江支行　62271818000000003399		203994+-42*64151*6915361/3*

货物或应税劳务、服务名称	规格型号	单位	数量	单价	金额	税率	税额
*电话费		月	1	4 718.18	4 718.18	9%	424.64
合　计					¥4 718.18		¥424.64
价税合计（大写）	⊗ 伍仟壹佰肆拾贰元捌角贰分				（小写）¥5 142.82		

销售方	名　称	杭州市电信局	备注	杭州市电信局 330902384203442 发票专用章
	纳税人识别号	330902384203442		
	地址、电话	浙江省杭州市滨江区技术开发区908号　0571-83691248		
	开户行及账号	建设银行向阳路分理处　6227330482746628330		

收款人：　　复核：　　开票人：　　销售方：（章）

原始凭证 60-1

中国建设银行 进账单 （收账通知） 1

2019 年 12 月 30 日　　　　第 018 号

出票人	全称	赵五	持票人	全称	浙江皇冠家具有限责任公司
	账号	6221100606370586954		账号	6227181800000003399
	开户银行	工商银行杭州支行		开户银行	建设银行滨江支行

金　额（大写）人民币 陆拾贰万元整　　　￥620000.00

票据种类	支票
票据张数	1

单位主管　　会计　　复核　　记账　　　　　　收款人开户行盖章

（盖章：中国建设银行滨江支行 2019.12.30 办讫）

原始凭证 60-2

所有者名单变更登记表

2019 年 12 月　　　　　　　　　　　　　　单位：元

股东成员	投入资本	所占比例
皇甫江	2 450 000	45.37%
王　峰	1 470 000	27.22%
刘　斌	980 000	18.15%
赵　五	500 000	9.26%
合　计	5 400 000	100.00%

原始凭证 61

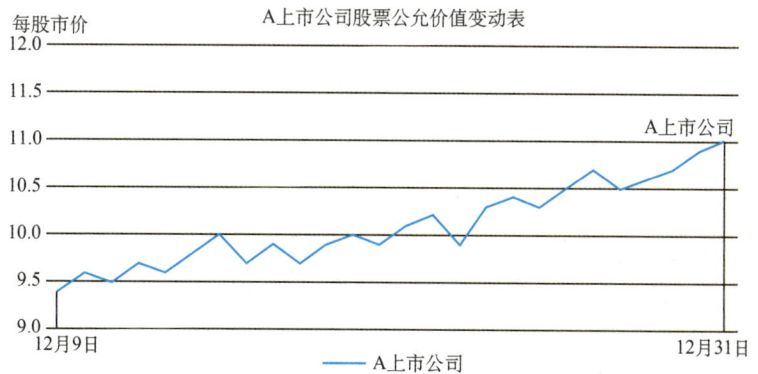

A 上市公司股票公允价值变动表

原始凭证 62-1

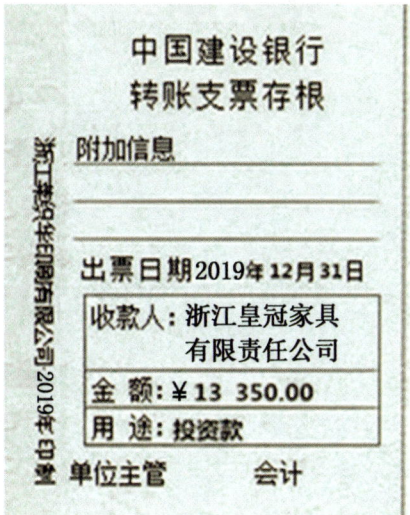

原始凭证 62-2

存出投资款付款凭证

委托日期：2019年 12 月 31 日

汇款人	全称	上海证券交易公司		收款人	全称	浙江皇冠家具有限责任公司
	账号	622733389764590561			账号	6227181800000003399
	汇出地点	上海市			汇入地点	浙江省杭州市
	汇出行名称	建设银行高安路支行			汇入行名称	建设银行滨江支行
金额	壹万叁仟叁佰伍拾元整					¥13350.00

中国建设银行滨江支行
2019.12.31
办讫

汇出行签章　　复核：　　记账：

票证安全码
附加信息及用途：

原始凭证 63

股东权益内部变动明细表

2019 年 12 月

单位：元

股东成员	转增前资本	转增资本	转增后资本	所占比例
合　计				

原始凭证 64

应付利息计算表
2019 年 12 月 31 日　　　　　　　　　　　　　　　　　　　单位:元

开户银行	借款金额	月利息率	应付利息额
合　计			

原始凭证 65

无形资产摊销表
2019 年 12 月　　　　　　　　　　　　　　　　　　　　　　单位:元

费用项目	无形资产原值	摊销起讫期限	每月平均摊销额
生产专利			
合　计			

原始凭证 66

固定资产12月份折旧计提表
金额单位:元

使用部门	固定资产名称	购入时间	单位	数量	原始价值（总价）	使用年限	净残值(5%)	月折旧额
生产部	电脑	2013.05	台	2	9 000.00	3	450.00	
	切割机	2012.05	台	5	27 500.00	10	1 375.00	
	喷漆机(空压)	2012.05	台	5	27 250.00	10	1 362.50	
	钻床	2012.05	台	6	71 700.00	10	3 585.00	
	气动铆钉枪	2012.05	只	12	36 000.00	10	1 800.00	
	房屋及建筑物	2011.12	m²	1 000	3 000 000.00	20	150 000.00	
行政部	电脑	2013.05	台	6	27 000.00	3	1 350.00	
	打印机	2013.05	台	1	3 100.00	3	155.00	
	传真机	2013.05	台	1	2 400.00	3	120.00	
	扫描仪	2013.05	台	1	2 800.00	3	140.00	
	数码相机	2013.05	台	1	4 680.00	3	234.00	
	复印机	2013.05	台	1	3 520.00	3	176.00	
	汽车	2013.05	辆	1	35 000.00	5	1 750.00	
	房屋及建筑物	2011.12	m²	200	600 000.00	20	30 000.00	
合　计					3 849 950.00		192 497.50	

原始凭证 67

浙江皇冠家具有限责任公司 12 月工资计提表

工号	所属部门	姓名	基本工资	应发工资	单位社保					单位总支出
					医疗保险	养老保险	失业保险	生育保险	工伤保险	
1	行政部门	皇甫江	6 000.00	6 000.00	278.14	338.60	36.28	29.02	12.09	6 694.13
2		戴永明	5 300.00	5 300.00	278.14	338.60	36.28	29.02	12.09	5 994.13
3		殷掇华	4 500.00	4 500.00	278.14	338.60	36.28	29.02	12.09	5 194.13
4		保筱夜	3 800.00	3 800.00	278.14	338.60	36.28	29.02	12.09	4 494.13
5		曾燕琼	3 450.00	3 450.00	278.14	338.60	36.28	29.02	12.09	4 144.13
6	销售部门	陈笑笑	4 000.00	4 000.00	278.14	338.60	36.28	29.02	12.09	4 694.13
7		吴 靓	3 900.00	3 900.00	278.14	338.60	36.28	29.02	12.09	4 594.13
8	车间管理部门	宁 伟	3 600.00	3 600.00	278.14	338.60	36.28	29.02	12.09	4 294.13
9		郝丽丽	3 700.00	3 700.00	278.14	338.60	36.28	29.02	12.09	4 394.13
10	生产部门	汤晓丽	3 600.00	3600.00	278.14	338.60	36.28	29.02	12.09	4 294.13
11		张晶晶	3 410.00	3 410.00	278.14	338.60	36.28	29.02	12.09	4 104.13
12		李和平	3 410.00	3 410.00	278.14	338.60	36.28	29.02	12.09	4 104.13
13		冯志浦	3 410.00	3 410.00	278.14	338.60	36.28	29.02	12.09	4 104.13
14		张晓斌	3 400.00	3 400.00	278.14	338.60	36.28	29.02	12.09	4 094.13
15		邓 坤	3 400.00	3 400.00	278.14	338.60	36.28	29.02	12.09	4 094.13
16		磷 化	3 400.00	3 400.00	278.14	338.60	36.28	29.02	12.09	4 094.13
17		朱海燕	3 400.00	3 400.00	278.14	338.60	36.28	29.02	12.09	4 094.13
18		朱 军	3 400.00	3 400.00	278.14	338.60	36.28	29.02	12.09	4 094.13
19		林 明	3 400.00	3 400.00	278.14	338.60	36.28	29.02	12.09	4 094.13
20		李小兰	3 380.00	3 380.00	278.14	338.60	36.28	29.02	12.09	4 074.13
21		李七星	3 380.00	3 380.00	278.14	338.60	36.28	29.02	12.09	4 074.13
22		林小龙	3 380.00	3 380.00	278.14	338.60	36.28	29.02	12.09	4 074.13
23		范书徐	3 380.00	3 380.00	278.14	338.60	36.28	29.02	12.09	4 074.13
24		李 月	3 380.00	3 380.00	278.14	338.60	36.28	29.02	12.09	4 074.13
25		黄婷婷	3 380.00	3 380.00	278.14	338.60	36.28	29.02	12.09	4 074.13
26		李璐方	3 370.00	3 370.00	278.14	338.60	36.28	29.02	12.09	4 064.13
27		陈 胜	3 350.00	3 350.00	278.14	338.60	36.28	29.02	12.09	4 044.13
28		陈耀华	3 350.00	3 350.00	278.14	338.60	36.28	29.02	12.09	4 044.13
29		顾丽燕	3 320.00	3 320.00	278.14	338.60	36.28	29.02	12.09	4 014.13
30		于多多	3 320.00	3 320.00	278.14	338.60	36.28	29.02	12.09	4 014.13
合计			109 470.0	109 470.0	8 344.2	10 158.0	1 088.4	870.6	362.7	130 293.9

合计	复核	出纳

原始凭证 68

客户付款通知
2019年12月31日
付款方户名：浙江皇冠家具有限责任公司
付款方账号：6227181800000003399
付款方开户行：建设银行滨江支行
收款人户名：建设银行滨江支行
收款人账号：6221234031099883121
大写金额：叁拾元整
小写金额：￥30.00
交易用途：手续费

中国建设银行滨江支行 2019.12.31 办讫

原始凭证 69-1

材料出入库计算表

材料名称	单位	期初结存			本期入			本期出			本期结存		
		数量	单价	金额	数量	单价	金额	数量	单价	金额	数量	单价	金额
合 计													

原始凭证 69-2

出 库 单   No 00258083

生产领用：实木床
2019 年 12 月 31 日

编号	名称	规格	单位	出库数量	单价	金额	备注
1	木材		立方米	1 500			
	合 计						

生产车间或部门：　　　　　　　　仓库管理员：曾燕琼

第二联 交财务部

原始凭证 69-3

出 库 单   No 00258084

生产领用：实木床
2019 年 12 月 31 日

编号	名称	规格	单位	出库数量	单价	金额	备注
1	涂料		桶	1 100			
	合 计						

生产车间或部门：　　　　　　　　仓库管理员：曾燕琼

第二联 交财务部

原始凭证 69-4

出 库 单　　No 00258085

生产领用：办公桌

2019 年 12 月 31 日

编号	名称	规格	单位	出库数量	单价	金额	备注
1	木材		立方米	1 800			
	合 计						

生产车间或部门：　　　　　　　　　　仓库管理员：曾燕琼

第二联 交财务部

原始凭证 69-5

出 库 单　　No 00258086

生产领用：办公桌

2019 年 12 月 31 日

编号	名称	规格	单位	出库数量	单价	金额	备注
1	涂料		桶	1 200			
	合 计						

生产车间或部门：　　　　　　　　　　仓库管理员：曾燕琼

第二联 交财务部

原始凭证 70

制造费用分配表

2019 年 12 月 31 日　　　　　　　　　　金额单位：元

分配对象（产品）	分配标准（实际工时）	分配率（单位成本）	分配金额
合 计			

原始凭证 71-1

入 库 单　　No 0025791

送货厂商：
物料类别：☐原材料　☐成品　☐其他　　2019 年 12 月 31 日

品名/牌号	订单号	规格	数量	单位	单价	金额
实木床			200	张		
办公桌			240	张		

主管：　　　　　品管：　　　　　仓库：曾燕琼　　　　　送货人：

第二联 交财务部

187

原始凭证 71-2

完工产品与月末在产品成本分配表

产品：实木床　　　　　　　　　　　年　　月　　日

成本项目	月初在产品成本	本月发生费用	合计	完工产品数量	月末在产品数量	单位成本	完工产品成本	月末在产品成本
直接材料								
直接人工								
制造费用								
合　计								

审核：　　　　　　　　　　　　　　　　　　　　　　　　　　　　　　　制表：

原始凭证 71-3

完工产品与月末在产品成本分配表

产品：办公桌　　　　　　　　　　　年　　月　　日

成本项目	月初在产品成本	本月发生费用	合计	完工产品数量	月末在产品数量	单位成本	完工产品成本	月末在产品成本
直接材料								
直接人工								
制造费用								
合　计								

审核：　　　　　　　　　　　　　　　　　　　　　　　　　　　　　　　制表：

原始凭证 71-4

完工产品成本汇总表

　　　　　　　　　　　　　　　　　年　　月　　日　　　　　　　　　　　　附单据　　张

产品名称	计量单位	产量	直接材料	直接人工	制造费用	总成本	单位成本
合　计							

审核：　　　　　　　　　　　　　　　　　　　　　　　　　　　　　　　制表：

原始凭证 72

销售成本计算表

2019 年 12 月 31 日

项目	主营业务成本								其他业务成本					
	实木床			办公桌			实木地板			胶粘剂			五金配件		
	数量	单价	金额	数量	单价	金额	数量	单价	金额	数量	单价	金额	数量	单价	金额
月初结存															
本月收入															
本月出库															
月末结存															
备注	(1) 加权平均单价和销售成本均保留到分位。 (2) 由于加权平均单价除不尽，为了保持账面数字之间的平衡关系，销售成本采用倒挤成本计算。														

原始凭证 73

应交城市维护建设税及附加计算表
2019 年 12 月 31 日

项目	计税金额	税率	本月应交额
应交城市维护建设税		7%	
应交教育费附加		3%	
合　计			

复核：　　　　　　　　　　　　　　　　　　　　　　　　　制表：

原始凭证 74

中国建设银行电子缴税付款凭证

转账日期：2019年12月31日　　　　　　　　　凭证字号：3390

纳税人全称及纳税人识别号：浙江皇冠家具有限责任公司330123142933996

付款人全称：浙江皇冠家具有限责任公司	征收机关名称：国家税务总局杭州市税务局
付款人账号：6227181800000003399	收款国库(银行)名称：杭州市国库
付款人开户银行：建设银行滨江支行	缴款书交易流水号：23124342356324378
小写(合计金额)：¥53 097.37	税 票 号 码：9903421342232
大写(合计金额)：伍万叁仟零玖拾柒元叁角柒分	

税、费 税号：309230120932346854

税款属期：2019年12月1日~2019年12月31日

税(费)种名称	实缴金额
房产税	2 100.00
车船税	1 600.00
城镇土地使用税	450.00
消费税	48 947.37

（中国建设银行滨江支行 2019.12.31 办讫）

第1次打印　　　　　　　　　　　　打印日期：2019年12月31日

第二联作付款回单(无银行收讫章无效)　　复核　　　记账 刘芳

原始凭证 75

所得税计算表
2019 年 12 月

本月度利润总额 ①	所得税税率 ②	本月度应交所得税额 ③=①×②

复核：　　　　　　　　　　　　　　　　　　　　　　　　　制表：

原始凭证 76-1

提取盈余公积计算表

2019 年 12 月 31 日

单位：元

项目	税后净利润	提取比例	提取额
法定盈余公积			
任意盈余公积			
合计			

复核： 制表：

原始凭证 76-2

应付现金股利计算表

2019 年 12 月

单位：元

股东成员	税后净利润	提取比例	提取额
皇甫江			
王 峰			
刘 斌			
合 计			

复核： 制表：

第三节 附日常经济业务核算参考答案

浙江皇冠家具有限公司 2019 年 12 月发生的经济业务核算参考答案如表 2-1 所示。

表 2-1

凭证字号	摘要	科目	借方金额	贷方金额
记-1	提现	1001 库存现金	20 000.00	
		100201 银行存款——建设银行		20 000.00
记-2	收回前欠货款	100201 银行存款——建设银行	410 000.00	
		112201 应收账款——温州万达商场		410 000.00
记-3	预借差旅费	122102 其他应收款——刘海	8 000.00	
		1001 库存现金		8 000.00
记-4	报销费用	560201 管理费用——办公用品	208.00	
		22210101 应交税费——应交增值税(进项税额)	27.04	
		100201 银行存款——建设银行		235.04
记-5	购入材料	140301 原材料——木材	500 000.00	
		22210101 应交税费——应交增值税(进项税额)	65 000.00	
		100201 银行存款——建设银行		565 000.00

(续表)

凭证字号	摘要	科目	借方金额	贷方金额
记-6	借入短期借款	100201 银行存款——建设银行	480 000.00	
		2001 短期借款		480 000.00
记-7	销售产品	100201 银行存款——建设银行	2 389 950.00	
		500101 主营业务收入——实木床		960 000.00
		500102 主营业务收入——办公桌		1 155 000.00
		22210107 应交税费——应交增值税(销项税额)		274 950.00
记-8	购入材料	140302 原材料——涂料	480 000.00	
		22210101 应交税费——应交增值税(进项税额)	62 400.00	
		220202 应付账款——北仑涂料厂		542 400.00
记-9	报销费用	560205 管理费用——交际应酬费	520.00	
		1001 库存现金		520.00
记-10	预收货款	100201 银行存款——建设银行	100 000.00	
		220301 预收账款——文海商场		100 000.00
记-11	报销费用	1001 库存现金	1 492.00	
		560207 管理费用——差旅费	6 167.16	
		22210101 应交税费——应交增值税(进项税额)	340.84	
		122102 其他应收款——刘海		8 000.00
记-12	发出委托加工材料	1408 委托加工物资	649 400.00	
		140301 原材料——木材		350 000.00
		140302 原材料——涂料		299 400.00
	支付加工费、运输费及其增值税	1408 委托加工物资	102 000.00	
		22210101 应交税费——应交增值税(进项税额)	13 180.00	
		100201 银行存款——建设银行		115 180.00
		1408 委托加工物资	39 052.63	
		100201 银行存款——建设银行		39 052.63
记-13	处置旧固定资产	1606 固定资产清理	9 017.27	
		1602 累计折旧	2 932.73	
		160104 固定资产——钻床		11 950.00
	收到出售价款	100201 银行存款——建设银行	6 500.00	
		1606 固定资产清理		5 752.21
		22210107 应交税费——应交增值税(销项税额)		747.79
	结转固定资产清理损益	6001 资产处置损益	3 265.06	
		1606 固定资产清理		3 265.06
记-14	存出投资款	101201 其他货币资金——存出投资款	110 000.00	
		100201 银行存款——建设银行		110 000.00

(续表)

凭证字号	摘要	科目	借方金额	贷方金额
记-15	购入交易性金融资产	200201 交易性金融资产——成本	94 000.00	
		1131 应收股利	6 000.00	
		5111 投资收益	2 500.00	
		22210101 应交税费——应交增值税(进项税额)	150.00	
		101201 其他货币资金——存出投资款		102 650.00
记-16	报销费用	560299 管理费用——其他	680.00	
		1001 库存现金		680.00
记-17	报销费用	560116 销售费用——广告和业务宣传费	4 452.26	
		22210101 应交税费——应交增值税(进项税额)	237.74	
		100201 银行存款——建设银行		4 200.00
		1001 库存现金		490.00
记-18	上交税费	222102 应交税费——未交增值税	16 390.00	
		222117 应交税费——应交城市维护建设税	1 147.30	
		222113 应交税费——教育费附加	491.70	
		222114 应交税费——地方教育费附加	327.80	
		540309 税金及附加——印花税	1 170.00	
		221102 应付职工薪酬——社保费	13 245.12	
		122103 其他应收款——代扣代缴社保款	7 738.50	
		100201 银行存款——建设银行		40 510.42
记-19	上交税费	222118 应交税费——应交房产税	2 100.00	
		222120 应交税费——应交车船税	1 600.00	
		222119 应交税费——应交土地使用税	450.00	
		100201 银行存款——建设银行		4 150.00
记-20	收到现金股利	101201 其他货币资金——存出投资款	6 000.00	
		1131 应收股利		6 000.00
记-21	销售产品	112202 应收账款——伟东商场	1 576 350.00	
		500101 主营业务收入——实木床		1 395 000.00
		22210107 应交税费——应交增值税(销项税额)		181 350.00
记-22	销售折让	100201 银行存款——建设银行	−54 240.00	
		500101 主营业务收入——实木床		−48 000.00
		22210107 应交税费——应交增值税(销项税额)		−6 240.00
记-23	销售产品	100201 银行存款——建设银行	645 800.00	
		220301 预收账款——文海商场	100 000.00	
		500102 主营业务收入——办公桌		660 000.00
		22210107 应交税费——应交增值税(销项税额)		85 800.00

(续表)

凭证字号	摘要	科目	借方金额	贷方金额
记-24	购入固定资产	160115 固定资产——机床 K100	319 641.13	
		22210101 应交税费——应交增值税(进项税额)	41 402.15	
		100201 银行存款——建设银行		356 923.08
		220204 应付账款——龙翔物流		4 120.20
记-25	收回加工完成的委托加工物资	140503 库存商品——实木地板	790 452.63	
		1408 委托加工物资		790 452.63
记-26	提现	1001 库存现金	101 433.50	
		100201 银行存款——建设银行		101 433.50
记-27	发放工资	221101 应付职工薪酬——工资	109 470.00	
		1001 库存现金		101 707.98
		224101 其他应付款——代扣代缴个人社保		7 738.50
		222112 应交税费——应交个人所得税		23.52
记-28	上交税费	222112 应交税费——应交个人所得税	23.52	
		100201 银行存款——建设银行		23.52
记-29	报销费用	560299 管理费用——其他	415.93	
		22210101 应交税费——应交增值税(进项税额)	54.07	
		1001 库存现金		470.00
记-30	购入材料	140301 原材料——木材	310 000.00	
		22210101 应交税费——应交增值税(进项税额)	40 300.00	
		100201 银行存款——建设银行		350 300.00
记-31	票据贴现	100201 银行存款——建设银行	577 980.00	
		560302 财务费用——利息	7 020.00	
		112101 应收票据——万方公司		585 000.00
记-32	销售产品	100201 银行存款——建设银行	1 988 800.00	
		500103 主营业务收入——实木地板		1 760 000.00
		22210107 应交税费——应交增值税(销项税额)		228 800.00
记-33	支付销售产品运杂费	560199 销售费用——其他	10 000.00	
		22210101 应交税费——应交增值税(进项税额)	900.00	
		100201 银行存款——建设银行		10 900.00
记-34	采购生产专利	170101 无形资产——生产专利	135 000.00	
		22210101 应交税费——应交增值税(进项税额)	8 100.00	
		100201 银行存款——建设银行		143 100.00
记-35	支付增值税税控系统专用设备技术维护费	22210105 应交税费——应交增值税(减免税款)	928.00	
		100201 银行存款——建设银行		928.00

(续表)

凭证字号	摘要	科目	借方金额	贷方金额
记-36	处置旧固定资产	1606 固定资产清理	257 250.00	
		1602 累计折旧	42 750.00	
		160114 固定资产——房屋及建筑物		300 000.00
	收到出售价款	100201 银行存款——建设银行	252 000.00	
		1606 固定资产清理		240 000.00
		222108 应交税费——简易计税		12 000.00
	支付清理费用	1606 固定资产清理	3 000.00	
		22210101 应交税费——应交增值税（进项税额）	180.00	
		100201 银行存款——建设银行		3 180.00
	交纳土地增值税	1606 固定资产清理	11 493.00	
		222108 应交税费——简易计税	12 000.00	
		100201 银行存款——建设银行		23 493.00
	结转固定资产清理损益	6001 资产处置损益	31 743.00	
		1606 固定资产清理		31 743.00
记-37	归还短期借款	2001 短期借款	490 000.00	
		2231 应付利息	4 900.00	
		560302 财务费用——利息	2 450.00	
		100201 银行存款——建设银行		497 350.00
记-38	购入固定资产	160106 固定资产——房屋及建筑物	800 000.00	
		22210101 应交税费——应交增值税（进项税额）	72 000.00	
		100201 银行存款——建设银行		872 000.00
记-39	购入材料	141101 周转材料——五金配件	40 000.00	
		141102 周转材料——胶粘剂	10 000.00	
		22210101 应交税费——应交增值税（进项税额）	1 500.00	
		100201 银行存款——建设银行		51 500.00
记-40	领用材料	40010101 生产成本——基本生产成本——实木床	28 000.00	
		40010102 生产成本——基本生产成本——办公桌	12 000.00	
		141101 周转材料——五金配件		32 000.00
		141102 周转材料——胶粘剂		8 000.00
记-41	销售多余材料	100201 银行存款——建设银行	13 560.00	
		505101 其他业务收入——材料销售		12 000.00
		22210107 应交税费——应交增值税（销项税额）		1 560.00
记-42	预付设计费	112301 预付账款——天竹专业设计有限公司	166 000.00	
		100201 银行存款——建设银行		166 000.00

(续表)

凭证字号	摘要	科目	借方金额	贷方金额
记-43	购入材料	140201 在途物资——涂料	468 000.00	
		22210101 应交税费——应交增值税(进项税额)	60 840.00	
		100201 银行存款——建设银行		528 840.00
记-44	盘亏材料	190101 待处理财产损溢——待处理流动资产损溢	13 899.00	
		140301 原材料——木材		12 300.00
		22210109 应交税费——应交增值税(进项税额转出)		1 599.00
记-45	购入材料	140303 原材料——竹子	44 000.00	
		22210101 应交税费——应交增值税(进项税额)	6 000.00	
		100201 银行存款——建设银行		50 000.00
记-46	支付广告费	560116 销售费用——广告和业务宣传费	38 000.00	
		22210101 应交税费——应交增值税(进项税额)	2 280.00	
		100201 银行存款——建设银行		40 280.00
记-47	收回前欠货款	100201 银行存款——建设银行	1 562 400.00	
		560399 财务费用——其他	13 950.00	
		112202 应收账款——伟东商场		1 576 350.00
记-48	盘亏处理	122104 其他应收款——曾燕琼	2 300.00	
		571101 营业外支出——存货盘亏毁损	11 599.00	
		190101 待处理财产损溢——待处理流动资产损溢		13 899.00
记-49	材料入库	140302 原材料——涂料	468 000.00	
		140201 在途物资——涂料		468 000.00
记-50	报销费用	560203 管理费用——物业管理费	400.00	
		1001 库存现金		400.00
记-51	转销无法支付的货款	220203 应付账款——森林木材厂	30 000.00	
		530105 营业外收入——其他		30 000.00
记-52	提现	1001 库存现金	10 000.00	
		100201 银行存款——建设银行		10 000.00
记-53	收回前欠货款	100201 银行存款——建设银行	170 000.00	
		112202 应收账款——伟东商场		170 000.00
记-54	支付前欠货款	220202 应付账款——北仑涂料厂	608 400.00	
		100201 银行存款——建设银行		608 400.00
记-55	收到利息收入	100201 银行存款——建设银行	4 890.00	
		560302 财务费用——利息		4 890.00
记-56	支付水费	560204 管理费用——水费	1 470.00	
		410101 制造费用——水费	13 230.00	
		22210101 应交税费——应交增值税(进项税额)	1 323.00	
		100201 银行存款——建设银行		16 023.00

(续表)

凭证字号	摘要	科目	借方金额	贷方金额
记-57	支付电费	40010101 生产成本——基本生产成本——实木床	7 680.00	
		40010102 生产成本——基本生产成本——办公桌	15 360.00	
		410101 制造费用——电费	4 800.00	
		560204 管理费用——电费	4 320.00	
		22210101 应交税费——应交增值税(进项税额)	4 180.80	
		100201 银行存款——建设银行		36 340.80
记-58	报销费用	560116 销售费用——广告和业务宣传费	150 000.00	
		22210101 应交税费——应交增值税(进项税额)	16 000.00	
		112301 预付账款——天竹专业设计有限公司		166 000.00
记-59	支付电话费	560208 管理费用——通信费	5 142.82	
		100201 银行存款——建设银行		5 142.82
记-60	接受投资者投资	100201 银行存款——建设银行	620 000.00	
		300104 实收资本——赵五		500 000.00
		300201 资本公积——资本溢价		120 000.00
记-61	交易性金融资产公允价值变动	200202 交易性金融资产——公允价值变动	16 000.00	
		6002 公允价值变动损益		16 000.00
记-62	多余投资款转回银行	100201 银行存款——建设银行	13 350.00	
		101201 其他货币资金——存出投资款		13 350.00
记-63	资本公积转增资本	300201 资本公积——资本溢价	100 000.00	
		300101 实收资本——皇甫江		45 370.00
		300102 实收资本——王峰		27 220.00
		300103 实收资本——刘斌		18 150.00
		300104 实收资本——赵五		9 260.00
记-64	预提短期借款利息	560302 财务费用——利息	2 400.00	
		2231 应付利息		2 400.00
记-65	摊销无形资产	560299 管理费用——其他	1 125.00	
		1702 累计摊销		1 125.00
记-66	计提折旧	410102 制造费用——折旧费	13 398.56	
		560212 管理费用——累计折旧	4 077.09	
		1602 累计折旧		17 475.65
记-67	计提工资费用	560209 管理费用——工资	23 050.00	
		560210 管理费用——保险金	3 470.65	
		560110 销售费用——工资	7 900.00	
		560112 销售费用——保险金	1 388.26	
		410104 制造费用——工资	7 300.00	

(续表)

凭证字号	摘要	科目	借方金额	贷方金额
记-67	计提工资费用	410103 制造费用——保险金	1 388.26	
		40010101 生产成本——基本生产成本——实木床	28 590.00	
		40010102 生产成本——基本生产成本——办公桌	57 206.73	
		221101 应付职工薪酬——工资		109 470.00
		221102 应付职工薪酬——社保费		20 823.90
记-68	支付手续费	560303 财务费用——手续费	30.00	
		100201 银行存款——建设银行		30.00
记-69	领用材料	40010101 生产成本——基本生产成本——实木床	571 480.00	
		40010102 生产成本——基本生产成本——办公桌	655 836.00	
		140301 原材料——木材		653 466.00
		140302 原材料——涂料		573 850.00
记-70	结转分配制造费用	40010101 生产成本——基本生产成本——实木床	13 380.00	
		40010102 生产成本——基本生产成本——办公桌	26 736.82	
		410101 制造费用——水电费		18 030.00
		410102 制造费用——折旧费		13 398.56
		410103 制造费用——保险金		1 388.26
		410104 制造费用——工资		7 300.00
记-71	结转本月完工产品成本	140501 库存商品——实木床	213 326.00	
		140502 库存商品——办公桌	492 091.20	
		40010101 生产成本——基本生产成本——实木床		213 326.00
		40010102 生产成本——基本生产成本——办公桌		492 091.20
记-72	结转本月销售成本	540101 主营业务成本——实木床	757 455.00	
		540102 主营业务成本——办公桌	1 107 733.00	
		540103 主营业务成本——实木地板	790 452.63	
		540201 其他业务成本——胶粘剂	2 000.00	
		540202 其他业务成本——五金配件	8 000.00	
		140501 库存商品——实木床		757 455.00
		140502 库存商品——办公桌		1 107 733.00
		140503 库存商品——实木地板		790 452.63
		141101 周转材料——五金配件		8 000.00
		141102 周转材料——胶粘剂		2 000.00
记-73	计提税费	540303 税金及附加——城市维护建设税	32 147.02	
		540310 税金及附加——教育费附加	13 777.29	
		222117 应交税费——应交城市维护建设税		32 147.02
		222113 应交税费——应交教育费附加		13 777.29

(续表)

凭证字号	摘要	科目	借方金额	贷方金额
记-73	结转应交增值税	22210104 应交税费——应交增值税(转出未交增值税)	371 243.15	
		222102 应交税费——未交增值税		371 243.15
记-74	计提税费	540307 税金及附加——房产税	2 100.00	
		540308 税金及附加——车船税	1 600.00	
		540306 税金及附加——城镇土地使用税	450.00	
		540301 税金及附加——消费税	48 947.37	
		222118 应交税费——应交房产税		2 100.00
		222120 应交税费——应交车船税		1 600.00
		222119 应交税费——应交土地使用税		450.00
		222121 应交税费——应交消费税		48 947.37
	上交税费	222118 应交税费——应交房产税	2 100.00	
		222119 应交税费——应交土地使用税	450.00	
		222120 应交税费——应交车船使用税	1 600.00	
		222121 应交税费——应交消费税	4 897.37	
		100201 银行存款——建设银行		9 047.37
记-75	计提所得税	5801 所得税费用	715 080.38	
		222111 应交税费——应交所得税		715 080.38
记-76	结转本期收入、收益	500101 主营业务收入——实木床	2 307 000.00	
		500102 主营业务收入——办公桌	1 815 000.00	
		500103 主营业务收入——实木地板	1 760 000.00	
		505101 其他业务收入——材料销售	12 000.00	
		5111 投资收益	-2 500.00	
		530105 营业外收入——其他	30 000.00	
		6001 资产处置损益	-35 008.06	
		6002 公允价值变动损益	16 000.00	
		3103 本年利润		5 902 491.94
	结转本期成本、费用	3103 本年利润	3 776 258.86	
		540101 主营业务成本——实木床		757 455.00
		540102 主营业务成本——办公桌		1 107 733.00
		540103 主营业务成本——实木地板		790 452.63
		540201 其他业务成本——胶粘剂		2 000.00
		540202 其他业务成本——五金配件		8 000.00
		540301 税金及附加——消费税		48 947.37
		540303 税金及附加——城市维护建设税		32 147.02
		540306 税金及附加——城镇土地使用税		450.00

(续表)

凭证字号	摘要	科目	借方金额	贷方金额
记-76	结转本期成本、费用	540307 税金及附加——房产税		2 100.00
		540308 税金及附加——车船税		1 600.00
		540309 税金及附加——印花税		1 170.00
		540310 税金及附加——教育费附加		13 777.29
		560110 销售费用——工资		7 900.00
		560112 销售费用——保险金		1 388.26
		560116 销售费用——广告和业务宣传费		192 452.26
		560199 销售费用——其他		10 000.00
		560201 管理费用——办公用品		208.00
		560203 管理费用——物业管理费		400.00
		560204 管理费用——水电费		5 790.00
		560205 管理费用——交际应酬费		520.00
		560207 管理费用——差旅费		6 167.16
		560208 管理费用——通信费		5 142.82
		560209 管理费用——工资		23 050.00
		560210 管理费用——保险金		3 470.65
		560212 管理费用——累计折旧		4 077.09
		560299 管理费用——其他		2 220.93
		560302 财务费用——利息		6 980.00
		560303 财务费用——手续费		30.00
		560399 财务费用——其他		13 950.00
		571101 营业外支出——存货盘亏毁损		11 599.00
		5801 所得税费用		715 080.38
	结转"本年利润"账户	3103 本年利润	2 776 233.08	
		310415 利润分配——未分配利润		2 776 233.08
记-77	提取盈余公积	310402 利润分配——提取法定盈余公积	277 623.31	
		310101 盈余公积——法定盈余公积		277 623.31
	分配现金股利	310410 利润分配——应付现金股利或利润	1 388 116.54	
		223201 应付股利——皇甫江		694 058.27
		223202 应付股利——王峰		416 434.96
		223203 应付股利——刘斌		277 623.31
记-78	结转"利润分配"明细账户	310415 利润分配——未分配利润	1 665 739.85	
		310402 利润分配——提取法定盈余公积		277 623.31
		310410 利润分配——应付现金股利或利润		1 388 116.54

第三章　金蝶精斗云财务软件操作实训

在金蝶财务软件大家庭中有各种各样的软件产品，本章以金蝶精斗云财务软件为例，简要介绍金蝶财务软件常用功能模块的操作，主要包括系统初始化、系统化设置和日常处理等内容。

一、系统启用

当您开始使用本系统时，可以选择以下两种方式启用系统：
（1）创建账套（见图3-1）。
（2）导入第三方账套。

图 3-1　创建账套

（一）创建账套

当您开始使用本系统时，您需要对本系统所使用的记账本位币、启用期间及会计制度进行设置，一经设置，后续不能变更。因此在系统启用前，您可以预览不同会计制度下的会计科目表、资产负债表和利润表,按照企业的实际要求对各项进行设置。

(二)导入第三方账套

系统提供导入第三方软件数据的功能,支持 KIS、用友、速达等数据的导入。您可以从以前使用的第三方软件中导入已经做账的数据并启用账套,继续做账。利用金蝶友商外部数据交换工具将第三方软件的数据转化为标准格式(*.xml),选择会计制度,然后导入文件。

二、设置模块

设置模块主要用于定义和修改一些基础资料,这些基础资料是使用系统的前提,包括系统参数、科目、辅助核算和财务初始余额等。其可分为基础设置和高级设置两种,如表3-1所示。

表 3-1　　　　　　　　　　　　　设置模块的分类

类别	基础设置	高级设置
内容	凭证字 科目 币别 辅助核算 财务初始余额 凭证模板 套打模板 操作日志	系统参数 权限设置 重新初始化 增值服务

(一)基础设置

1. 凭证字

系统提供预设凭证字的功能,方便您在新增凭证时,选择与之对应的凭证字。维护凭证字主要包括新增、修改和删除凭证字。系统设置有默认的凭证字,此项为非必须设置项,您可以根据自身管理需要选择是否设置。

具体操作如下:

在系统主界面,点击"设置",选择"凭证字",进入"凭证字"页面(见图3-2)。

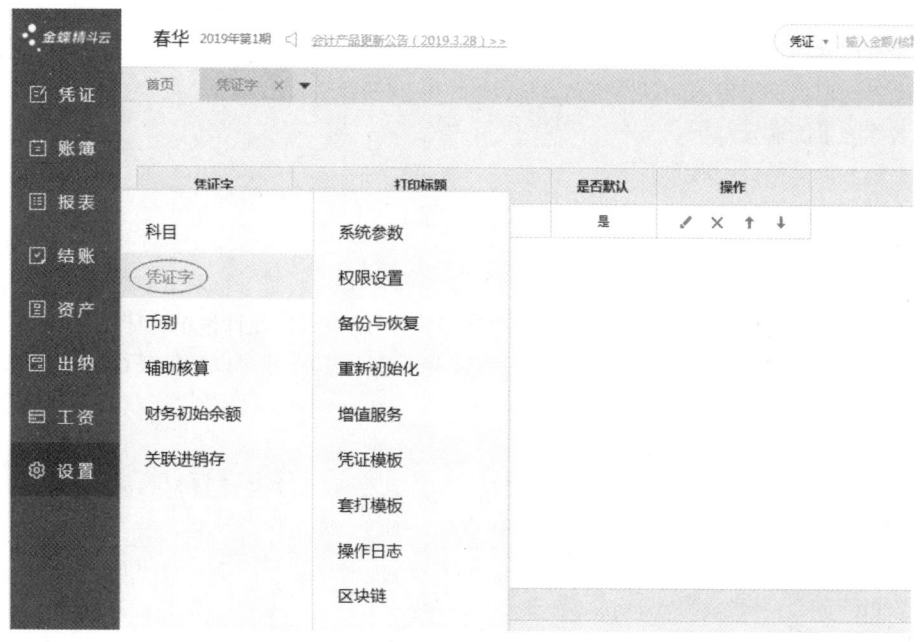

图 3-2　设置凭证字

2. 科目

科目是对会计对象具体内容进行分类核算的项目。科目可归纳为资产、负债、权益、成本、损益等类别（共同类只适用于新会计准则）。

系统启用时，已根据您设置的会计制度预先设定配套的科目。尽管这些科目已经能满足大部分中小企业财务记账的需求，但您还可以根据企业自身的记账需要对科目进行维护。科目维护主要包括新增、修改、删除和导出。您可以通过增加明细科目来更全面、细致地反映企业的经济活动。

具体操作如下：

在系统主界面，点击"设置"，选择"科目"，进入"科目"页面（见图 3-3）。

图 3-3 设置科目

例如，您想要新增科目，可进行如下操作：

[科目编码]：根据页面提示的科目编码结构（如 4-2-2-2）输入。

[科目名称]：手工输入。

[科目类别]：选择科目所属的类别。

[余额方向]：选择科目的余额方向。

[辅助核算]：选择科目的辅助核算项目。

[数量核算]：选择是否进行数量核算，可设置计量单位。参与数量金额核算的存货类科目的计量单位，如果存货已经设置单位，数量金额核算时，按存货单位计算；否则以此计量单位计算。

[外币核算]：选择科目是否进行外币核算，只有设置了外币核算，才可以选择是否期末调汇。

> ☞ 温馨提示
>
> 点击科目列表中"+"图标即可新增下级科目（见图 3-4）。如果上级科目已经发生业务，新增下级科目时，上级科目的业务数据将转移到下级科目上，该操作不可逆。另外，已经发生业务的科目不能设置辅助核算项目。
>
> 在"科目"界面，可进行修改、删除、导出科目操作。

图 3-4　新增下级科目

3．币别

在系统启用时，已经设定好记账本位币。如果需要处理外币业务，则需要增加其他的币别，并维护其汇率。

系统启用后，只允许修改记账本位币的名称，"编码"和"汇率"都不能修改。本位币和已发生业务的币别都不能被删除。

具体操作如下：

在系统主界面，点击"设置"，选择"币别"，进入"币别"页面（见图3-5）。

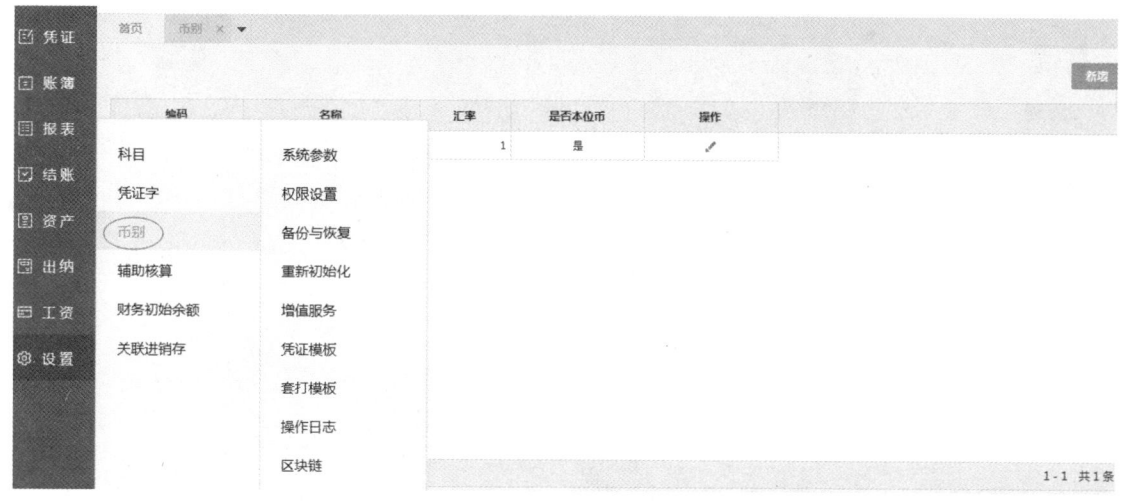

图 3-5　设置币别

4．辅助核算

系统默认的辅助核算项目包括客户、供应商、职员、项目、部门、存货和工程，您可以根据企业的需要新增分类。您可点击任一辅助核算项目（如客户），可以新增具体的核算项目，也可以通过下载导入模板，批量编辑后导入。

具体操作如下：

在系统主界面，点击"设置"，选择"辅助核算"，进入"辅助核算"页面（见图3-6）。

图 3-6　设置辅助核算项目

5. 财务初始余额

当财务科目定义完成后,需要根据企业当前的财务状况设置一些科目的初始余额,以便后续进行账务处理。财务初始余额包括初始余额维护、试算平衡检查和导入导出。下面以财务初始余额维护为例进行介绍。

具体操作如下:

在系统主界面,点击"设置",选择"财务初始余额",进入"财务初始余额"编辑页面(见图 3-7)。

图 3-7　设置财务初始余额

年初启用账套,只需要录入期初数,在录完后,点击"保存"按钮即可。

年中启用账套(除 1 月份外的其他月份),需要录入期初余额(即启用账套期间的上期期末数)、本年累计借方和本年累计贷方,系统会倒算出年初数,在资产负债表里可体现。特别需要注意的是,年中启用账套时,损益类科目需要输入实际损益发生额(本年累计借方=本年累计贷方=实际损益发生额),以保证利润表取数正确。同样,在录入完成后点击"保存"按钮。

6. 凭证模板

通过"录凭证→更多→保存为凭证模板"即可实现将当前凭证保存为模板,以便后续录凭证时直接点击"录凭证→更多→从模板生成凭证",可以减少录凭证的工作量(见图3-8和图3-9)。

图 3-8　保存凭证模板

	操作	类别	名称
☐	✎ ×	工资	发放工资
☐	✎ ×	工资	计提工资
☐	✎ ×	日常支出	付水电房租物业管理费
☐	✎ ×	日常支出	利息收入
☐	✎ ×	日常支出	报销业务招待费
☐	✎ ×	日常支出	报销差旅费
☐	✎ ×	日常支出	提现
☐	✎ ×	日常支出	支付电话费
☐	✎ ×	日常支出	支付银行手续费
☐	✎ ×	日常支出	购入固定资产
☐	✎ ×	税金	缴纳地税
☐	✎ ×	税金	计提地税

图 3-9　凭证模板

7. 套打模板

套打模板模块提供了一些账簿和凭证的套打模板(见图3-10),您可以在这里设置模板是否为默认模板。

图 3-10　套打模板

8. 操作日志

您可以利用操作日志快速查询用户的操作。

具体操作如下：

在系统主界面，单击"设置→操作日志"，进入"操作日志"页面。

您可在日志信息中设置查询条件，点击"确定"按钮，页面将会显示符合条件的查询结果。

(二) 高级设置

1. 系统参数

系统参数主要是完成系统相关控制选项的设置，包括科目编码规则、余额方向等。系统参数的每个选项值都将在系统启用后被携带，因此请您仔细确认各系统参数的设置是否符合您公司的实际要求，以免因修改某个参数设置而影响整个系统。

具体操作如下：

在系统主界面，点击"设置→系统参数"，进入"系统参数"页面(见图 3-11)。

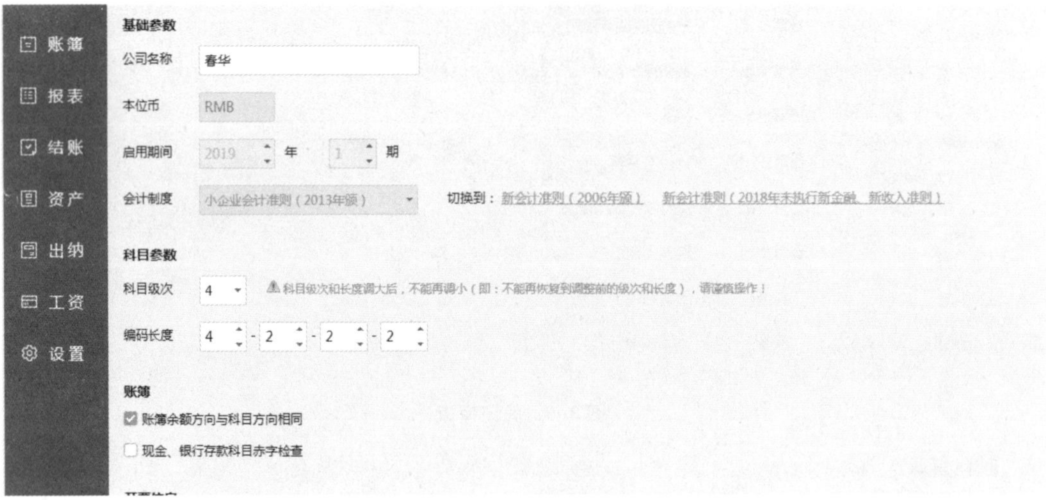

图 3-11　设置参数

您可以对"公司名称""科目参数""账簿"进行修改。修改此处的"公司名称",将改变您账套的名称。科目参数的设置应该根据公司的需要,一经增大,则不能回退。

2. 权限设置

管理员在创建完成用户账号后,需要赋予该用户一定的操作权限。具备操作权限的用户才能登录系统执行其权限范围内的操作。通过此项任务,您可以赋予或取消用户的操作权限。在系统主界面,点击"设置→权限设置",进入"权限设置"页面,您可以点击"新增同事"按钮,并勾选需要赋予他的权限进行授权。

3. 重新初始化

系统提供重新初始化功能,点击"重新初始化",将会弹出"系统提示"对话框,提示您重新初始化将会清空您所有录入的数据,如果您确定清楚,可以在复选框勾选后,点击"重新初始化"(见图3-12)。

图3-12 重新初始化

4. 增值服务

系统对付费客户提供增值服务,包括数据恢复、套打设计、账套导入、产品培训、专属顾问服务、初始化服务和自定义报表设计。

三、凭证

凭证是记录经济业务、明确经济责任的书面证明,也是登记账簿的依据。财务人员需要以凭证的方式记录公司发生的实际经济业务。

（一）录制凭证

您可直接在系统主界面单击"录凭证",进入凭证录制界面(见图3-13):设置凭证字号、凭证录入日期和附件数,设置凭证的摘要信息,可以手工输入,或者在摘要库选取;设置科目,可以手工输入科目,也可以单击"科目"图标选择科目;如果需要录入核算项目,则在输入或选取核算项目的科目后,从弹出的列表中选择辅助核算项目;如果有外币业务,则在"币别"列表填写;如果需要设置数量金额核算,则在"数量"和"单价"文本框输入数量和单价;输入凭证借、贷方的金额。设置完毕后,单击"保存"按钮。

图 3-13　录制凭证

> ☞ **温馨提示**
>
> 鼠标放在"▭"图标，可以显示出快捷键的使用说明。

（二）使用凭证模板

在"录凭证"界面，鼠标移至"更多"处，点击"从模板生成凭证"，选择需要使用的模板；然后，修改凭证的日期、金额等信息；最后，单击"保存"按钮。

（三）查询凭证

在系统主界面，单击"查凭证"（见图 3-14）；设置相关的过滤条件；将鼠标放在左上方显示会计期间处，出现一个下拉框，然后进行设置；单击"查询"按钮，系统显示符合条件的凭证记录。

图 3-14　查询凭证

（四）修改凭证

在"查凭证"页面，单击待修改凭证记录后的"修改"字样，进入凭证修改页面（见图 3-15）。已经审核过的凭证需要先反审核，再修改凭证分录的相关信息，最后单击"保存"按钮。

图 3-15　修改凭证

(五) 删除凭证

在"查凭证"页面，单击待删除凭证记录后的"删除"字样，弹出"系统提示"对话框，点击"确定"按钮删除凭证（见图 3-16）。

图 3-16　删除凭证

(六) 复制凭证

在"查凭证"页面，点击待复制凭证，进入凭证修改页面，单击"复制"按钮，修改凭证的日期及相关信息，最后单击"保存"按钮（见图 3-17）。

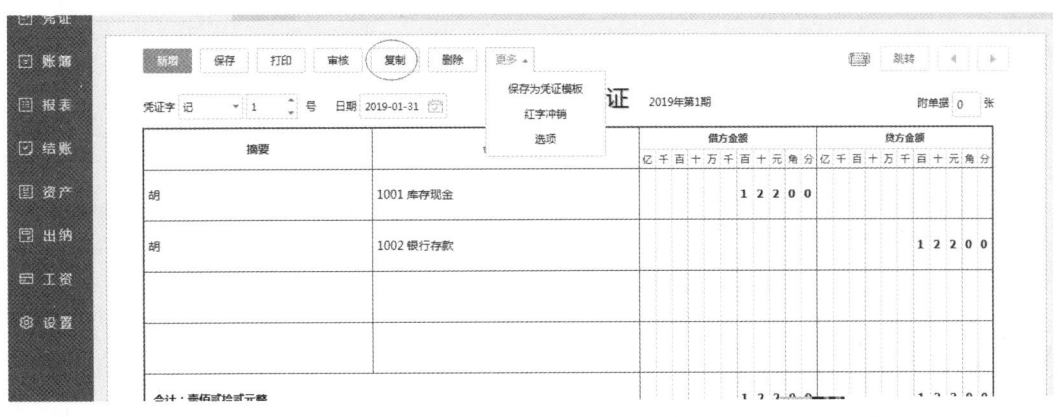

图 3-17　复制凭证

(七) 审核凭证

在"查凭证"页面,点击待审核凭证,进入凭证修改页面,单击"审核"按钮,系统提示操作成功。也可以直接在"查凭证"页面勾选需要审核的凭证,点击"审核"按钮完成审核(见图3-18)。如果需要一次审核所有凭证,请勾选所有凭证,单击"审核"按钮。

图 3-18 审核凭证

(八) 插入凭证

在"查凭证"页面,将鼠标放在"更多"处,单击"插入"按钮。选择会计期间、凭证字,再将第 a 号凭证插入第 b 号凭证前,然后点击"凭证字号"处来重新排序(见图3-19)。

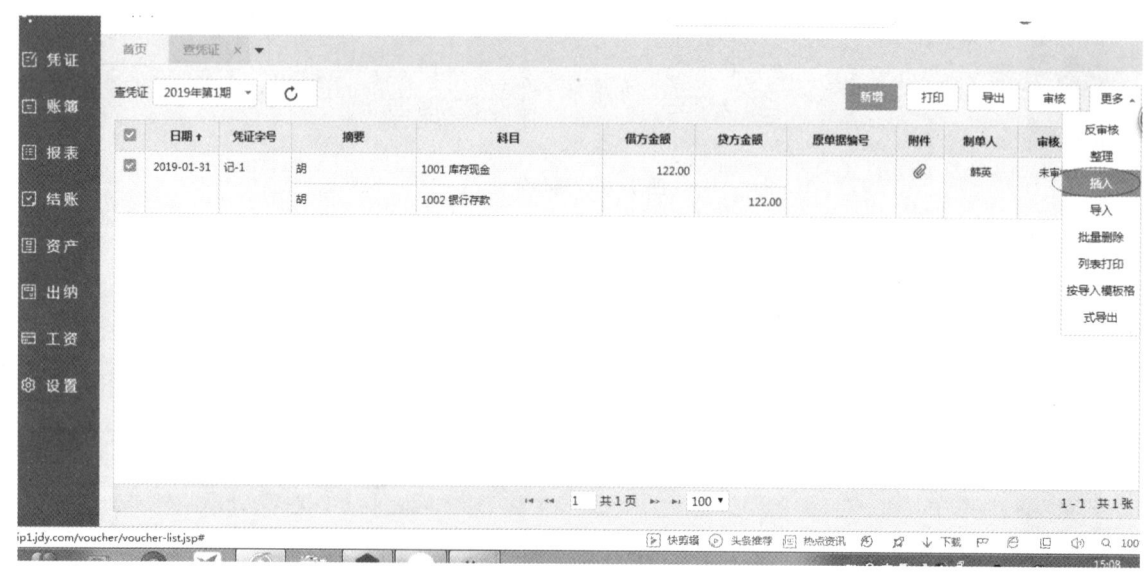

图 3-19 插入凭证

☞ **温馨提示**

已结账的凭证期间不能插入凭证。

(九) 整理凭证号

如果凭证出现断号,系统支持按凭证号顺次前移补齐断号或者按凭证日期重新顺次编号。在"查凭证"页面,将鼠标放在"更多"处,单击"整理"按钮;选择会计期间、凭证字和起始凭证号,单击"确定"按钮,系统给出断号检查结果;单击"开始整理"按钮,然后弹出对话框,点击"确定"按钮即可(见图3-20)。

图 3-20　整理凭证号

☞ 温馨提示

期末结账时,如果存在凭证断号的情况,系统会给出提示。

(十) 导出凭证

在"查凭证"页面,单击"导出"按钮,在左下方就会出现 Excel 格式的文件,可以直接打开查看或者保存至本地(见图3-21)。

图 3-21　导出凭证

(十一) 打印凭证

在"查凭证"页面,单击"打印"按钮,进入"凭证打印"页面,可以观看视频演示设置打印(见图3-22)。打印方式有PDF打印和专业套打两种方式。

图3-22 打印凭证

四、账簿

(一) 明细账

明细账是指按明细科目开设的账户。它对分类账的经济内容进行明细分类核算,提供具体而详细的核算资料。系统提供明细账的查询功能,对每一科目在不同期间的余额和发生额进行统计显示(见图3-23和图3-24)。

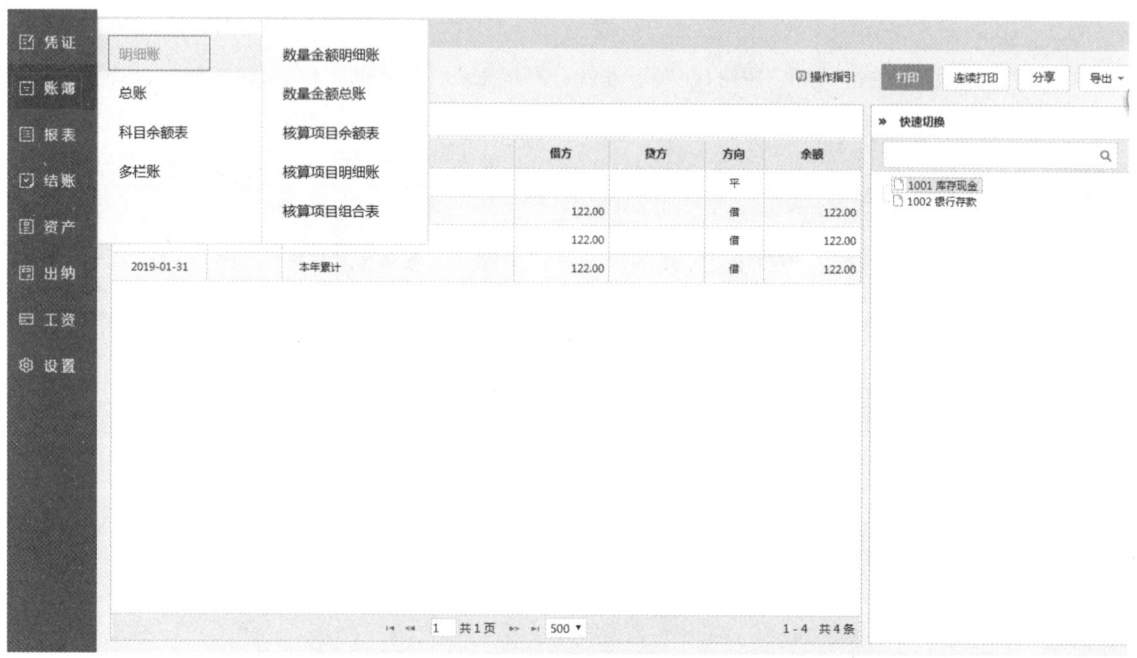

图3-23 明细账

图 3-24 明细账

（二）总账

总账是指按总账科目开设的账户。它对总账科目的经济内容进行总括的核算，提供总括性的指标。系统提供总账的查询功能，对所选科目在不同期间的余额和发生额进行统计显示，并提供联查到明细账的功能（见图 3-25 和图 3-26）。

图 3-25 总账

图 3-26　总账

(三) 凭证汇总表

系统提供凭证汇总计算的功能,对所有明细科目的本期发生额进行合计,生成凭证汇总表(见图 3-27),显示科目编码、科目名称、借方金额、贷方金额,并统计凭证张数、附件张数。

图 3-27　凭证汇总表

(四) 科目余额表

科目余额表是对查询期范围内所有发生业务的科目金额进行汇总的表格。其栏次包括此期间范围内的期初余额、本期发生额、本年累计发生额和期末余额(见图 3-28)。

图 3-28　科目余额表

(五)数量金额明细账

系统提供数量金额明细账的查询功能,统计显示出数量金额核算科目在不同期间的数量、单价及发生额(见图3-29)。数量金额明细账适用于既需要提供价值信息,又需要提供金额信息的实物资产。

图3-29 数量金额明细账

(六)数量金额总账

系统提供数量金额总账的查询功能,对所选科目在不同期间的数量、单价及发生额进行统计显示,并提供联查到数量金额明细账的功能(见图3-30)。

图3-30 数量金额总账

(七)多栏账

多栏账是指在一张账页上,不仅按借、贷、余三部分设立金额栏,还要按明细科目在借方或贷方设立许多金额栏,以集中反映有关明细项目的核算资料(见图3-31)。

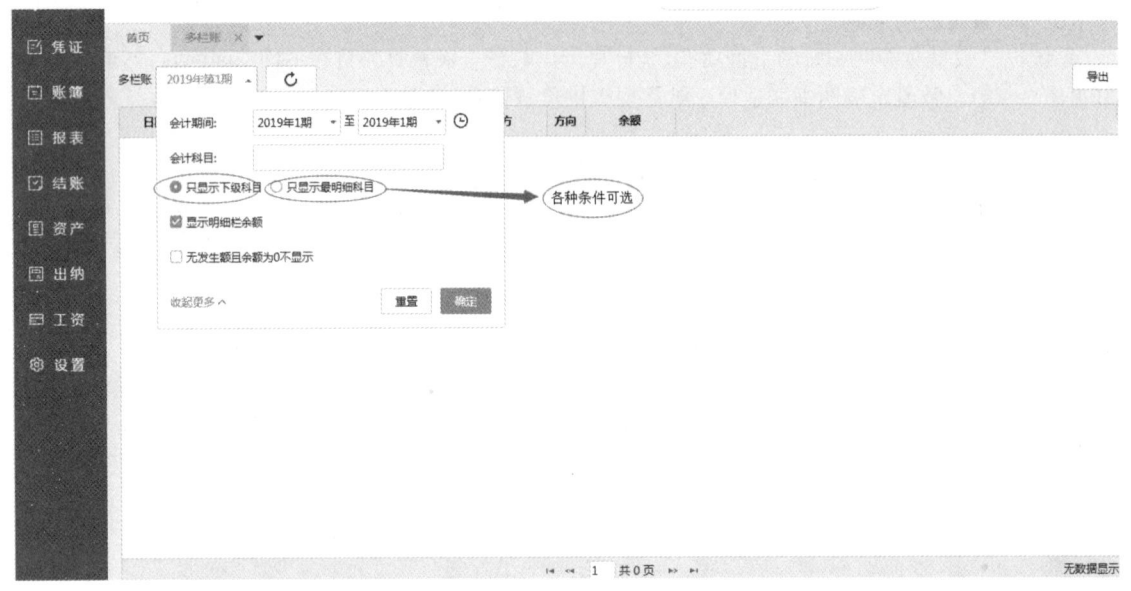

图 3-31　多栏账

（八）核算项目余额表

核算项目余额表用于帮助用户进行核算项目余额的分析。在系统主界面中，将鼠标放在"账簿"模块，单击"核算项目余额表"，进入"核算项目余额表"页面。在"核算项目余额表"页面中，您可以执行查询、打印、导出核算项目余额表（见图 3-32）。

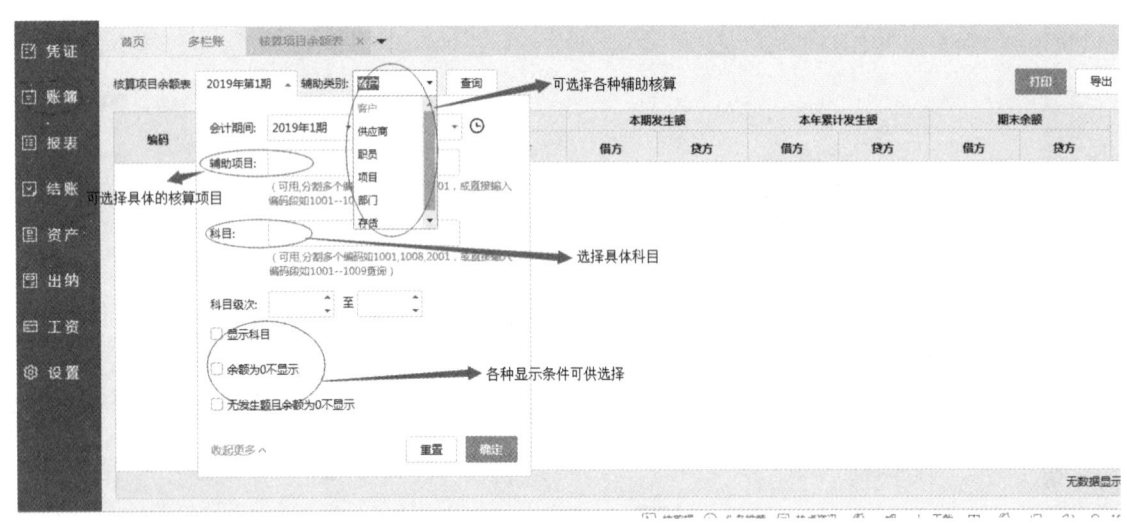

图 3-32　核算项目余额表

（九）核算项目明细账

核算项目明细账经常用于进行分类汇总后的明细查询（见图 3-33）。它有利于了解核算项目的明细情况，有利于决策和业绩考核。

五、报表

（一）资产负债表

资产负债表是总括反映企业一定日期（月末、季末或年末）全部资产、负债和所有者权益情况的会计报表（见图 3-34）。其报表公式是设置好的，用户只需要录入凭证后，系统会自动生成报表数据。

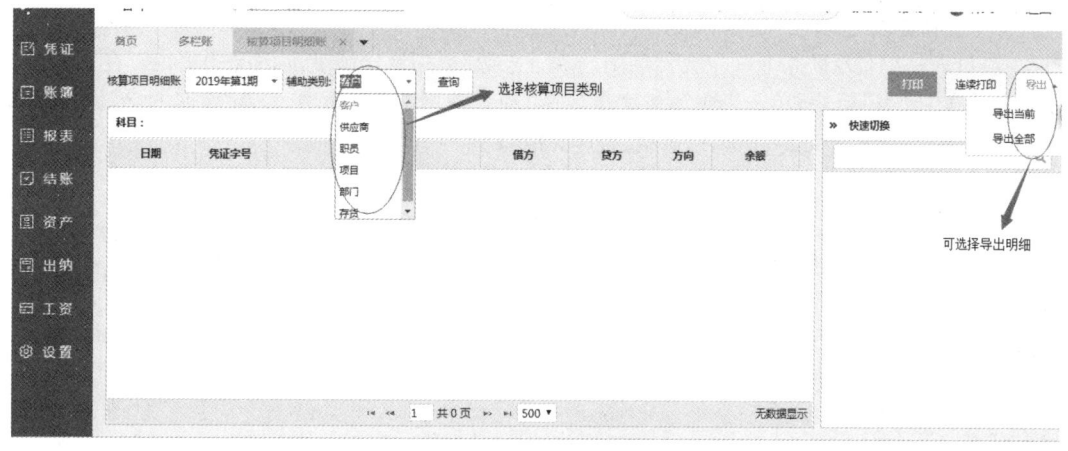

图 3-33　核算项目明细账

图 3-34　资产负债表

(二) 利润表

利润表是总括反映企业在一定时期(年度、季度或月份)利润(或亏损)的实际形成情况的会计报表。利润表按照各项收入、费用以及构成利润各个项目分类分项编制而成的(见图3-35)。本系统提供多步式利润表。

图 3-35　利润表

(三) 现金流量表

现金流量表是综合反映企业一定会计期间内现金来源、运用及增减变动情况的报表。在系统主界面中,将鼠标放在"报表"模块,单击"现金流量表",在"现金流量表"页面中,设置查询的会计期间(见图3-36)。在现金流量表页面,您可以执行调整、打印、导出现金流量表。

图 3-36　现金流量表

(四) 主要应交税金明细表

系统可自动生成报表,用于查询各期应交、已交、未交的增值税、城市维护建设税情况。在系统主界面中,将鼠标放在"报表"模块,单击"主要应交税金明细表",在"主要应交税金明细表"页面中,设置查询的会计期间(见图3-37)。在"主要应交税金明细表"页面,您可以执行打印、导出主要应交税金明细表、编辑相应公式。

图 3-37　主要应交税金明细表

(五) 费用明细表

点击"报表→费用明细表",进入"费用明细表"界面(见图3-38)。费用明细表通过表格和趋势图可直观展示费用、收入类科目明细情况。您可将鼠标移到费用明细表期间处,设置过滤条件,其中会计科目限损益类科目。

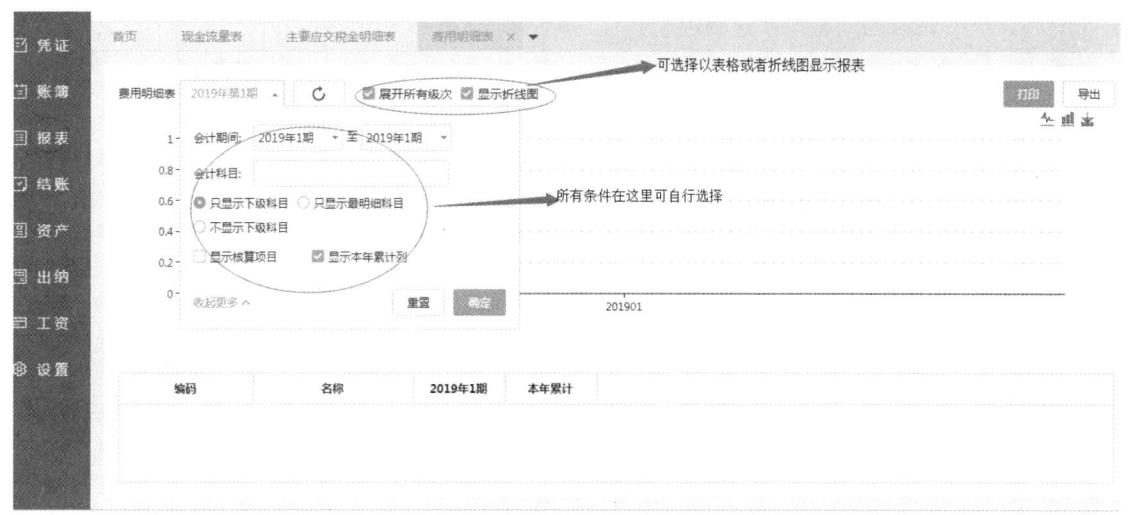

图 3-38　费用明细表

六、结账

结账是指把一定时期(月度、季度、年度)内发生的全部经济业务登记入账的基础上,计算并记录本期发生额和期末余额(见图 3-39)。各个期间的期末结账完成状态有先后依赖关系,上一期未完成期末结账,则下一期不能进行期末结账。在某一期完成期末结账之后,系统控制不允许再发生业务操作(包括凭证的增加、删除、修改),系统已结账。系统支持跨期结账、跨期反结账。

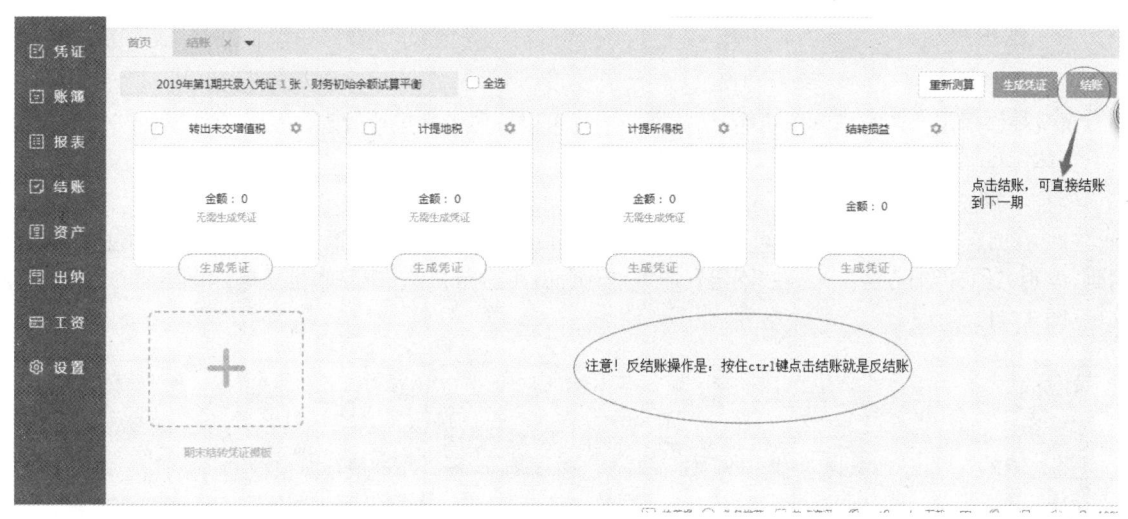

图 3-39　结账

☞ 温馨提示

微软系统:在"结账"页面,按住键盘上的"Ctrl"键不放,同时再用鼠标点击"结账到下期",即为反结账。

苹果系统:在"结账"页面,同时按住"Control"＋"Option"＋"Fn"＋"F12",即为反结账。

另外,系统增加了期末结转预设模板(如转出未交增值税、计提地税、计提所得税等),用户还可根据需要自定义期末结转凭证模板(见图 3-40)。

图 3-40 期末结转凭证模板

增加期末结转凭证模板后,点击"编辑"按钮,勾选"期末结转凭证",设置取值规则后,点击"保存"按钮,期末结转凭证模板即可显示在结账界面。

☞ **温馨提示**

已经添加的期末结转模板需要删除时,点击右上角设置图标,去掉期末结转凭证的勾选即可。

七、固定资产

(一) 资产类别

系统提供固定资产类别管理功能,固定资产卡片可以按照类别进行管理。

具体操作如下:

(1) 在系统主界面中,单击"设置→资产类别",进入"资产类别"页面。

(2) 在固定资产类别页面,您可以执行新增固定资产类别的操作:设置资产类别的相关信息(如类别编码、类别名称、折旧方法等)。在"固定资产类别"页面,可进行修改、删除和批量删除固定资产类别的操作(见图 3-41)。

图 3-41 新增固定资产类别

（二）卡片

系统提供固定资产卡片管理功能，固定资产卡片详细记录了固定资产的名称、类型、使用部门和日期、原值及折旧等信息。系统每月自动计提折旧，并在期末结账时自动生成折旧凭证。

具体操作如下：

（1）在系统主界面中，单击"设置→卡片"，进入"卡片"页面。

（2）在"卡片"页面，您可以执行新增、查询、修改、清理、删除与批量删除、导入与导出固定资产卡片（见图3-42）。

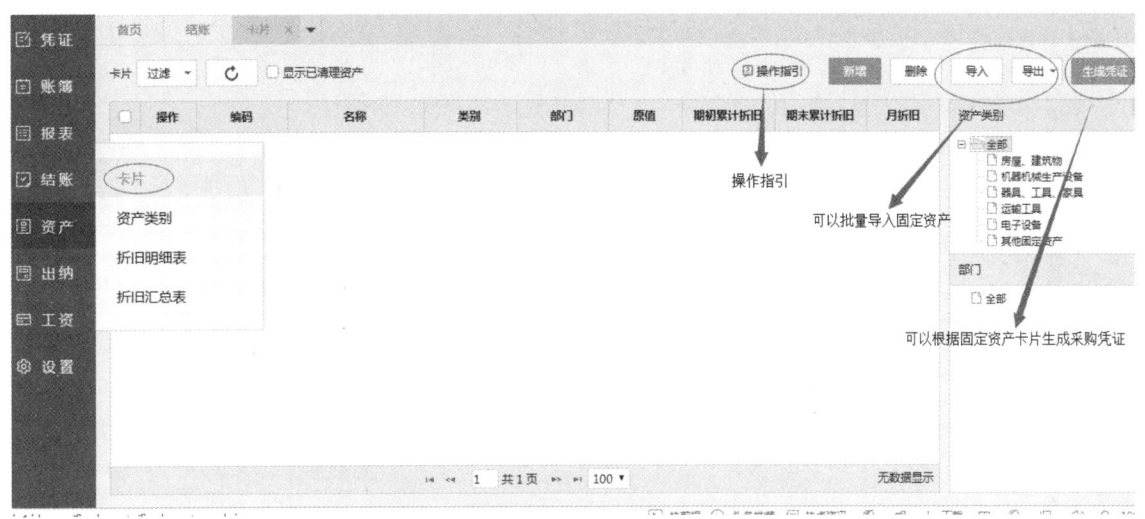

图3-42　设置卡片

（三）折旧明细表

系统提供自动计提折旧功能，采用平均年限法。固定资产卡片开始使用日期在当前会计期间时，从下个会计期间开始计提折旧，当期不提折旧。固定资产卡片的剩余使用期限为0或状态为"清理"时不再计提折旧。在计提折旧前，应当估计残值，并从固定资产原价中减除。

具体操作如下：

（1）在系统主界面中，将鼠标放在"报表"模块，单击"折旧明细表"，进入"折旧明细表"页面（见图3-43）。

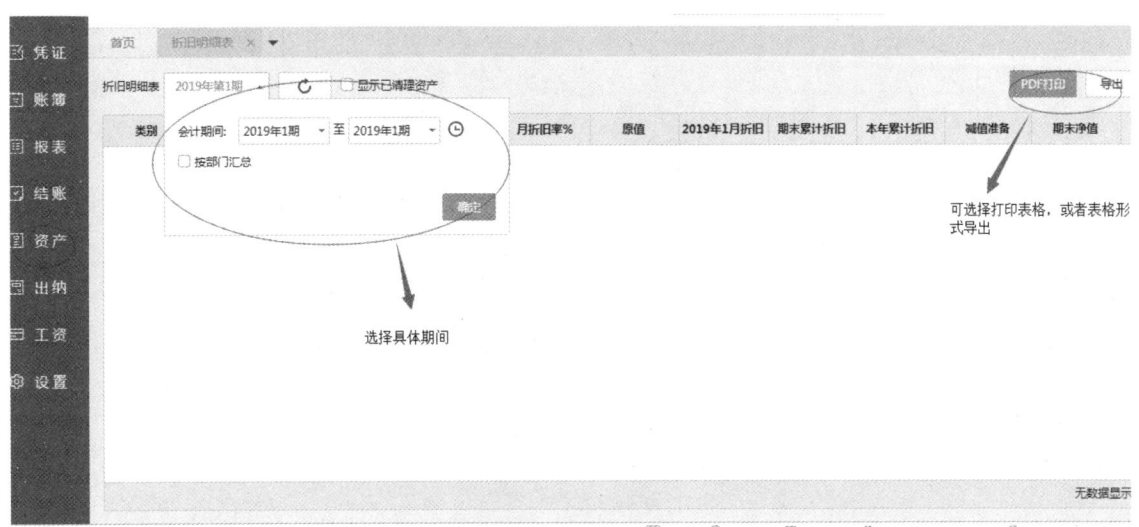

图3-43　折旧明细表

(2)在"折旧明细表"页面中,设置查询的会计期间。

(3)在"折旧明细表"页面,您可以执行打印、导出折旧明细表。

(四)折旧汇总表

系统提供折旧汇总计算的功能,对所有固定资产卡片的折旧按月份进行合计生成折旧汇总表,显示固定资产类别、原值、每月折旧、期末累计折旧、本年累计折旧、减值准备及期末净值。

具体操作如下:

在系统主界面中,将鼠标放在"报表"模块,单击"折旧汇总表",进入"折旧汇总表"页面。在"折旧汇总表"页面中,设置查询的会计期间。在"折旧汇总表"页面,您可以执行打印、导出折旧汇总表(见图3-44)。

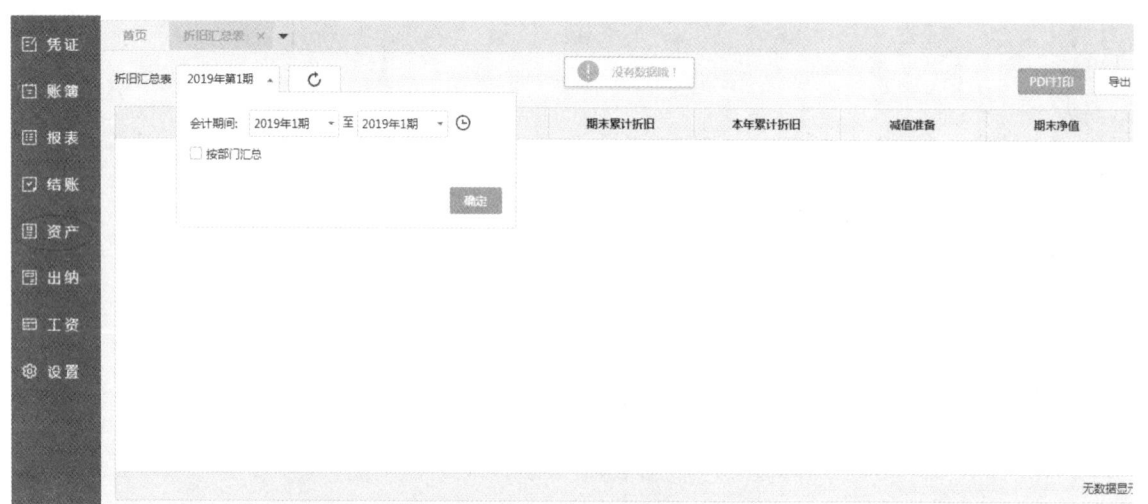

图3-44 折旧汇总表

(五)固定资产生成凭证

新增卡片时,设置好卡片界面的固定资产、累计折旧、折旧费用、税金、资产购入、资产清理科目,保存卡片后,在卡片列表界面勾选相应卡片即可生成资产购入凭证或清理凭证(见图3-45)。开始使用日期早于录入期间的卡片,不再生成资产购入凭证。

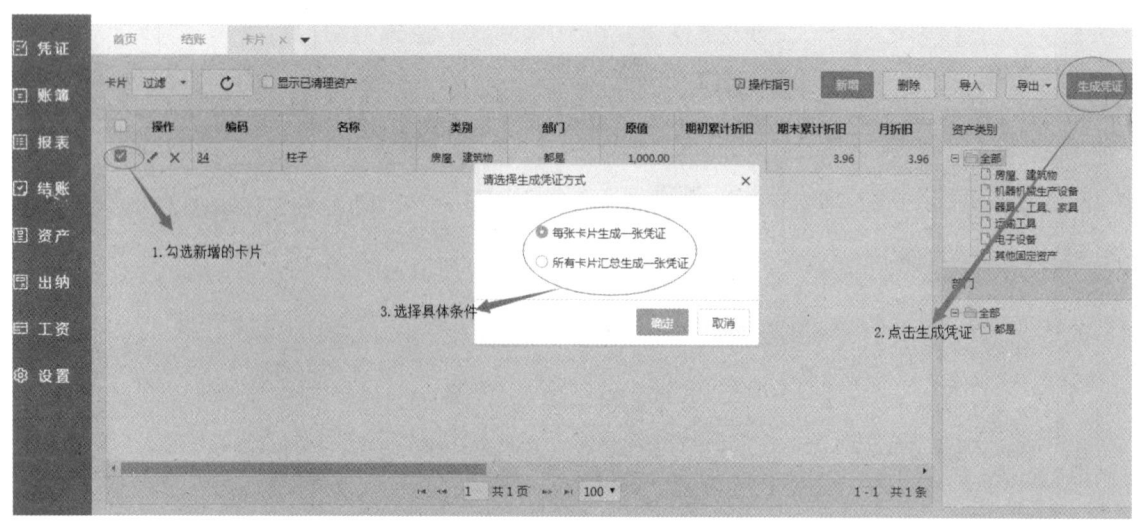

图3-45 固定资产生成凭证

如果录入了固定资产卡片，并且当期需要计提折旧，在"结账"页面会出现"计提折旧"，在结账时可一键生成凭证（见图 3-46）。

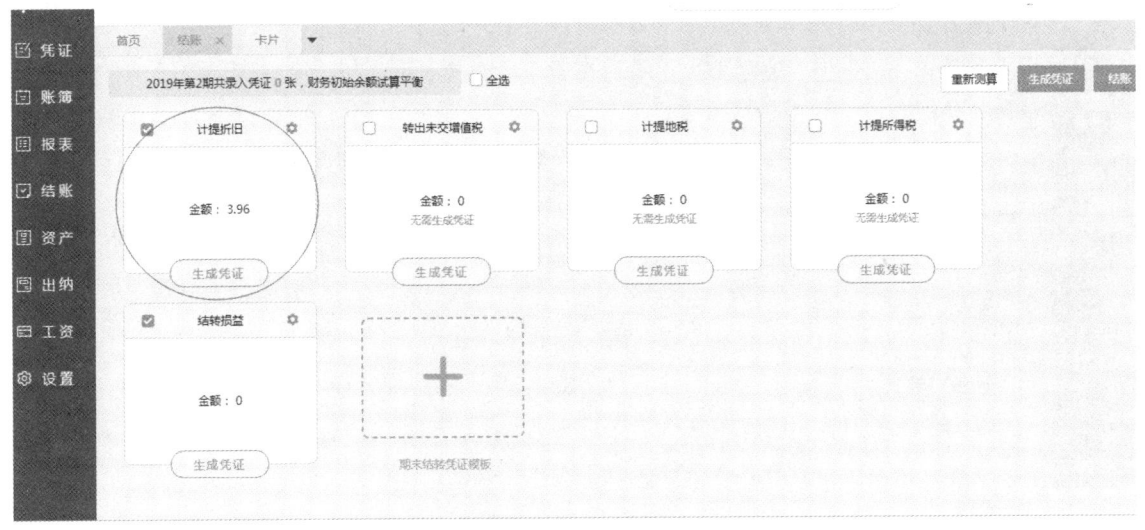

图 3-46　计提折旧生成凭证

八、出纳

出纳管理系统主要用于记录企业资金的收支情况，并提供对账管理功能，全面管理企业资金流动。

（一）日记账

点击"出纳→日记账"，进入"日记账"编辑界面（见图 3-47）。系统提供手工录入和绑定报销系统时自动生成日记账两种方式。下面主要讲述手工录入。

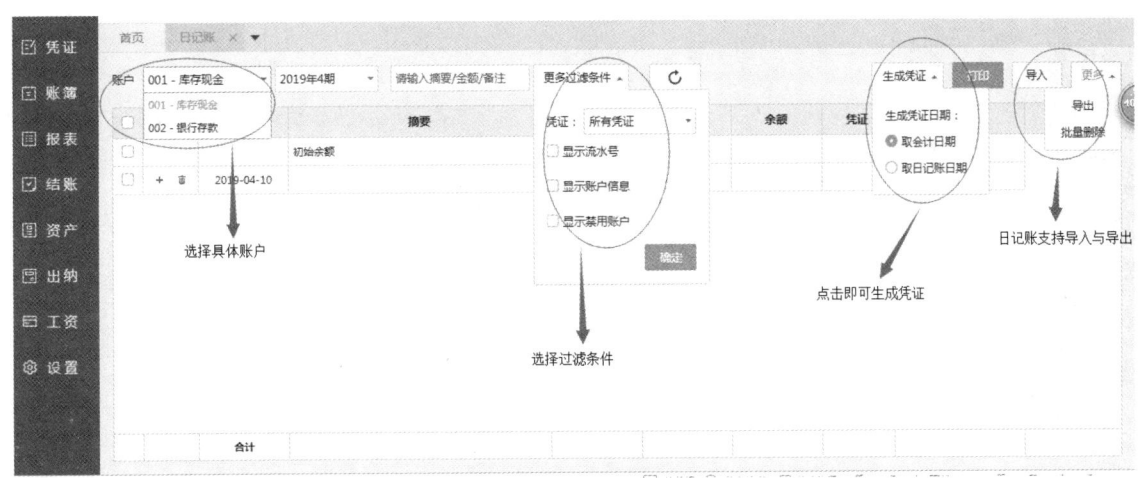

图 3-47　日记账

出纳账户和会计账户是独立的，出纳账户用于维护日记账的账户。录入时只需选择对应的账户、期间，录入"日期""摘要""金额"即可。首次录入时可根据实际情况录入初始余额。录入一笔后，直接按回车键进行下一笔的录入。日记账支持一键生成凭证，点击凭证链接可查看凭证。

（二）核对总账

点击"出纳→核对总账"，进入核对总账界面（见图 3-48）。系统根据出纳账户和出纳账户对应的会计科目进行核对。

图 3-48　核对总账

九、工资

系统提供 Excel 导入工资表，实现工资表统一管理，并由工资表自动生成凭证（见图 3-49）。

图 3-49　导入工资表

（一）基础设置

在导入工资表前，需要进行基础设置。点击"工资→新手导航"，进入"新手导航"界面（见图 3-50）。具体操作如下：

（1）设置职员唯一性标识，避免由于重名等原因导致的数据混乱。

（2）新增部门，系统支持手工新增与从总账辅助核算中导入。

（3）新增职员支持手工新增、同步总账辅助核算中的职员信息、在导入工资表时自动新增职员信息三

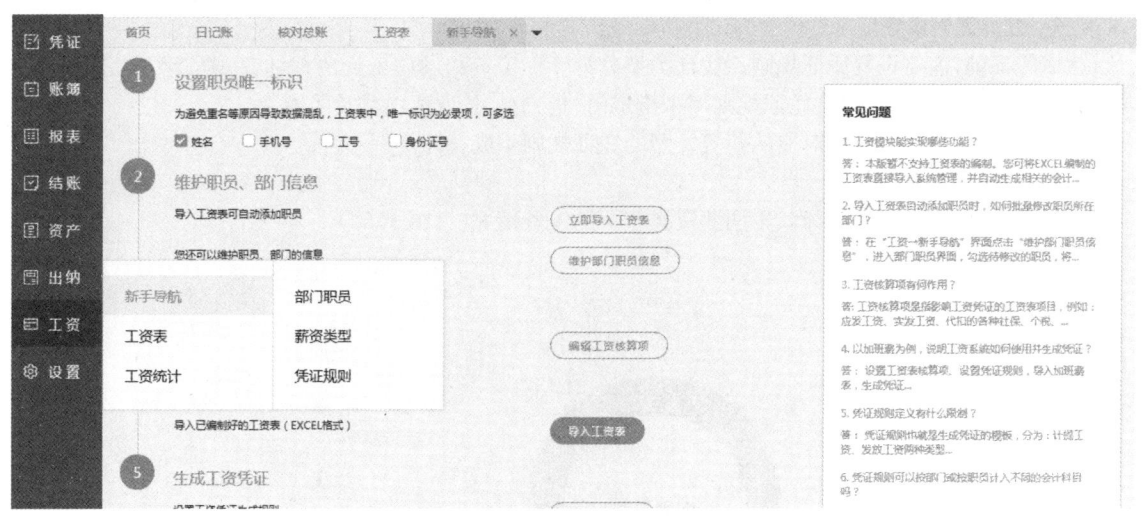

图 3-50　基础设置

种方式。

(4) 设置工资核算项，工资核算项是指影响工资凭证的工资表项目，如应发工资、实发工资、代扣的各种社保、个税、借款等。这些项目在会计核算时列入不同的科目核算，所以在导入工资表时需特殊指定它们对应的工资表列，工资核算项可以按本公司核算的具体情况增减。

(二) 导入工资表

在 Excel 中编辑好工资表，选择导入工资表所属期间及薪资类型，选择相应的工资表文件后，点击“导入”按钮，进入工资表预览界面(见图 3-51)。

序号	姓名	手机	邮箱	部门	职员类别	基本工资	绩效奖金	加班工资
1	张一	13648625885	12358854@qq.co	销售部	销售人员	4500	1000	200
2	张二	13648625886	12358855@qq.co	财务部	财务人员	6000	1000	200
3	张三	15112548187	12358856@qq.co	财务部	财务人员	6001	1000	200
4	张四	15112548188	12358857@qq.co	财务部	财务人员	6002	1000	200
5	张五	15112548189	12358858@qq.co	财务部	财务人员	6003	1000	200
6	张六	15112548190	12358859@qq.co	财务部	财务人员	6004	1000	200
7	张七	15112548191	12358860@qq.co	财务部	财务人员	6005	1000	200

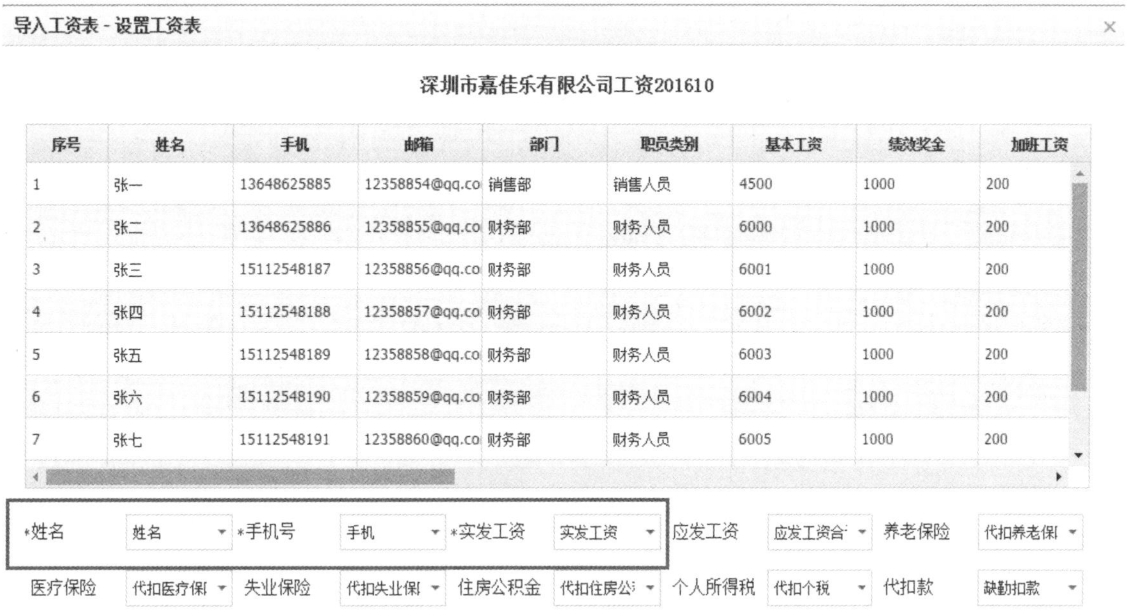

图 3-51　导入工资表

在工资表预览界面需要指定工资核算项对应工资表的具体哪一列，设置的唯一性标识及实发工资是必须指定的。

导入后点击“工资→工资表”，可以进入查看。

（三）工资表生成凭证

生成凭证前，需要设置凭证规则。凭证类型分为计提工资和发放工资两种，同一薪资类型、同一凭证类型只能启用一个凭证规则。凭证规则用来指定借、贷方科目，取值项目及范围。

生成凭证时，按照工资表对应的薪资类型的凭证规则生成凭证。

（四）工资统计

系统可按部门展示不同时间、不同薪资类型下的工资情况（见图3-52）。

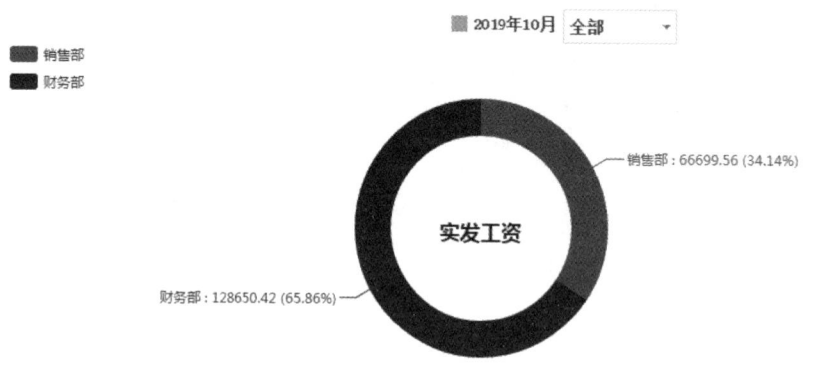

部门	医疗保险	养老保险	住房公积金	失业保险	代扣款	个人所得税	应发工资	实发工资
销售部	990.78	3,963.12	2,642.08	330.26	613.64		81,704.00	66,699.56
财务部	1,920.90	7,683.60	5,282.40	660.30			153,420.00	128,650.42

图 3-52　工资统计